我 们 一 起 解 决 问 题

超级口才课

——练就一流口才的100次刻意练习

史少武 编著

人民邮电出版社

北京

图书在版编目（CIP）数据

超级口才课：练就一流口才的100次刻意练习 / 史
少武编著. -- 北京：人民邮电出版社，2020.3（2022.8重印）
ISBN 978-7-115-52899-5

Ⅰ．①超… Ⅱ．①史… Ⅲ．①口才学—通俗读物
Ⅳ．①H019-49

中国版本图书馆CIP数据核字(2019)第269870号

内 容 提 要

说话是人与生俱来的能力，但良好的口才需要依靠后天的刻意练习。

本书汇集了众多人际交往专家的沟通之道和商界精英的成功经验，从日常工作和生活中常见的社交场合出发，将各类口才技能分解为 100 个知识点，内容涵盖说话原则、说服口才、交际口才、赞美口才、谈判口才、批评口才、辩论口才、演讲口才、幽默口才以及说话禁忌等各个方面，既有理论指导，又有应对策略和案例分析。全书内容全面，形式灵活，读者可以在忙碌之余随时翻看查阅，打造自己的一流口才。

本书是一本不可多得的口才训练宝典，适合所有希望提高自身语言表达能力的人士阅读。

◆ 编　著　史少武
责任编辑　贾淑艳
责任印制　彭志环

◆ 人民邮电出版社出版发行　　北京市丰台区成寿寺路 11 号
邮编 100164　电子邮件 315@ptpress.com.cn
网址 http://www.ptpress.com.cn
北京虎彩文化传播有限公司印刷

◆ 开本：700×1000　1/16
印张：15.5　　　　　　　　　　　2020 年 3 月第 1 版
字数：210 千字　　　　　　　　　2022 年 8 月北京第 6 次印刷

定　价：55.80 元

读者服务热线：（010）81055656　印装质量热线：（010）81055316
反盗版热线：（010）81055315
广告经营许可证：京东市监广登字 20170147 号

好口才是一个人打开成功之门的金钥匙，能帮助你在各种激烈的竞争中脱颖而出，甚至拔得头筹。美国人类行为科学研究者汤姆士曾断言："发生在成功人物身上的奇迹，至少有一半是由口才创造的。"他认为，在很大程度上，口才的好坏甚至能够影响一个人的命运。

不知你有没有注意到，世界上那些极具影响力的人，那些举世闻名的大人物，几乎都是清一色的口才大师。而当代很多商业巨子，也都是口才极佳之人，比如李嘉诚、马云、巴菲特、杰克·韦尔奇……

要想拥有一流的好口才，就要经过有针对性的刻意训练。本书对成为说话高手必须具备的说话原则和人际沟通中最有可能遇到的各种难题，以及经过诸多口才大师总结出来的各种成功说话之道进行了提炼。全书内容涵盖说话原则、说服口才、交际口才、赞美口才、谈判口才、批评口才、辩论口才、演讲口才、幽默口才以及说话禁忌等各个方面，既有理论指导，又有应对策略和案例分析，是一本不可多得的口才训练宝典。

为了便于读者学习，书中每篇文章的内容均由三个部分组成：一是"核心提示"，帮助读者明确练习方向；二是"理论指导"，理论与案例相结合；三是"练习指南"，告诉读者具体该如何做。

概括起来，本书具有以下三大特色。

系统全面——本书立足全程指导，介绍了语言表达的重要意义，对于想提高表达能力的人应该知道或必须知道的知识或技巧，书中都有所涉及。

　　案例经典——分享来自口才高手的成功经验，让人与人之间的沟通变得更加顺畅。

　　注重实战——针对社交过程中普遍存在的典型问题，提供行之有效的解决方案。

　　与人说话前，阅读本书，你能少走弯路、减少损失；与人说话后，阅读本书，你会发现自己的优点和不足，扬长避短，从此表现得更好。早一天阅读本书，你就能早一天获得成长和进步，从此摆脱不会说话、不会办事的烦恼，用好口才成就自己的美好人生！

　　由于作者水平有限，书中难免存在偏颇之处，恳请读者朋友批评与指正。

目录

第 1 章

说话原则

说话前要三思

核心提示

一个人话多不一定是有智慧的表现。我们在与人交流前应三思，不要不负责任地说个不停，以免伤害他人。

理论指导

说话技巧对于迅速有效地传递信息，营造良好的气氛有着不可忽视的作用。一个人若只贪图一时的痛快，而无所顾忌地说了不该说的话，不仅会伤害他人，还可能给自己带来不必要的麻烦。

在某公司成立五周年的喜庆日子里，为了表示对员工的感谢，公司特意邀请了员工及其家属参加晚会。

这时，一位男士正在台上引吭高歌。该公司员工小黄为了找话题，就对他身边的女同事说："这人是谁啊？唱得这么难听还敢上台？"

"哦，他是我丈夫。"女同事回答。

"真不好意思，其实他嗓音挺不错的，主要是这歌写得不好。"小黄连忙解释。

"这歌是我写的。"女同事说完就走了。

从此以后，那位女同事和小黄的关系就疏远了。而且，事后小黄发现，其他同事也开始有意回避自己。小黄的处境变得有些尴尬，最后只好辞职。

从这个故事中可以看出说话不负责任的影响有多大。一句不负责任的话，不仅会伤害他人，甚至可能会给自己带来麻烦。

有些话不是不能说，而是没必要说，这也是一种社交技巧。

练习指南

1. 参加重要场合时，不可太兴奋，要适当控制自己的表达欲，以防口不择言，伤人伤己。

2. 若控制不了自己话多的毛病，就拿笔多写几遍"言多必失"。

3. 为自己找一个"语言检察官"，比如父母、爱人、好友等人，请其监督自己的言行。

说话要分场合

核心提示

说话要分场合，不可信口开河。

理论指导

说话要分场合，否则，再合适的话题，再优美的话语，也不会有好效果，有时甚至会适得其反。试想，如果你在和朋友谈心时，像作报告一样严肃；或是在肃穆的葬礼上，开心地与他人交谈，将会产生怎样的后果呢？

在什么场合说什么话，这是人们在长期交往实践中总结出来的经验。就话语形式而言，说话一般要求语句完整、符合语法规范，但在特定场合，却需要用简明的话语传递信息。

例如，当前面路口遇到红灯而汽车司机仍未减速时，旁边的人只需提醒："红灯！"司机便会立即做出减速、刹车的反应。此时若旁边的人说出这样一句结构完整的话："前面是红灯，这是不准前行的信号，你应当减速停车，遵守交通规则，以保障乘车人员的安全。"别人一定会认为这个人很奇怪。

这种情况下，话语要简明，语气要急促。因为司机的头脑里早已储存了途中可能会遇到哪些紧急情况以及应该如何处理的信息，所以旁人只需用简短的话语提示，他就会立即做出反应。

从语言的连贯性来说，说话一般要求前后连接，语意明晰，但在特定场合，人们不得不采用断续跳落，甚至话题飞转的话语形式。

例如，当汽车停站后又启动时，忽听得一声急促的叫喊："车，车，车——我还没下呢！"这是一位抱着小孩，又拿了很多东西的妇女，由于行动不便，在来不及下车后，情急之下发出的叫喊。她的话孤立起来看，意思不连贯，也不明确，但由于在特定的环境中，再加上词句简明，语气急促，所以能够让人立刻明白她要表达的意思。

此外，语音的纯、杂也可根据场合加以调整。例如，一位学者回到阔别已久的故乡讲学，在适当的时候说出一两句地道的家乡话，可能会收到意想不到的效果。

练习指南

1. 至少选择三处不同的场合，检验自己是否能根据场合的不同，而采用不同的说话方式。

2. 在谈话时考虑场合影响，巧妙地利用场合效应。

3. 询问关系亲密的同行者，自己在某场合的表现如何，并根据反馈意见改正自身的不当言行。

沟通宜曲不宜直

核心提示

直话直说常常会伤害他人，请务必委婉沟通。

理论指导

在生活中，很多尴尬的事情会不期而至，如果你采用直话直说的方式，不但不能解决问题，反而会使问题更加复杂，甚至造成难以预料的后果。这个时候，你不妨采用迂回沟通的方式，旁敲侧击，含蓄地点明对方，这样既能解决问题，又能保住对方的颜面。

美国经济大萧条时期，曼莎小姐好不容易找到一份在一家高级珠宝店当售货员的工作。圣诞节的前一天，店里来了一位30岁左右的男顾客，他虽然衣着整齐干净，看上去很有修养，但他的精神状态很不好，愁容满面，曼莎能感觉出他的生活也遇到了困难。

此时，店里只有曼莎一个人，其他几名售货员刚刚出去。

当曼莎和男子打招呼时，男子不自然地笑了一下，目光从曼莎的脸上慌忙地躲闪开，仿佛在说："你不用理我，我只是来看看。"

　　这时电话铃响了，曼莎连忙去接电话，她一不小心将摆在柜台上的盘子碰翻了，盘中六枚精美绝伦的金戒指掉在了地上。曼莎慌忙弯腰去拣，但只拣回了五枚，第六枚金戒指却怎么也找不到。当她抬起头时，看到那位男子正向门口走去，顿时，她猜到了那第六枚金戒指在哪里。

　　当男子即将推门离开时，曼莎礼貌地对他说："先生，请您等一下。"

　　男子转过身来，两个人相视无言，足足有一分钟。曼莎的心狂跳不止，她想：他身上会不会有枪或匕首呢？他若带着凶器，我该怎么办？

　　"什么事？"男子终于开口了。

　　曼莎鼓足勇气说："先生，今天是我第一天上班，您应该知道现在找份工作是多么不容易，您能不能……"男子用极不自然的眼光注视着她，过了好一阵子，他的脸上浮现出一丝微笑。

　　"是的，的确如此。"男子回答，"我敢肯定，你在这里会干得很出色。"

　　男子向她走去，并把手伸给她，说："我可以为你祝福吗？"

　　曼莎点点头。两人紧紧地握了握手，然后男子转身走出了店门。

　　这时，曼莎转身走回柜台，把手中的第六枚金戒指放回了原处。

　　很多时候，迂回沟通可以给危机事件带来转机。通常而言，在遇到窃贼时，大多数人都会选择报警或大声喊人抓贼，但上文中的曼莎并没有这么做。她理解对方所处的困境，以一颗宽容的心包容对方的错误，并用迂回战术与偷盗者进行沟通，最终感动了偷盗者，拿回了金戒指。聪明善良的曼莎找到了解决问题的好方法。

练习指南

　　1. 在日常沟通中，有些话不能直言就要含蓄地讲；不明白对方的用意时，就要先摸清对方的真实想法……只有这样，才能确保事情朝自己预想的方向顺利发展。

2. 回想最近一次因说话直来直去而得罪人的事，并根据当时场景，重新设计一种不会让对方反感，甚至能赢得对方好感的表达方式。

说出的话要让对方能听懂

核心提示

说话追求含蓄本没错，但若没让对方听懂，就会适得其反。说话的目的在于交流思想和感情，只有让对方听懂你在说什么，你的话才有意义。

理论指导

有些人说话过于含蓄，总留有弦外之音，对方听懂了还好，若是没听懂，不但达不到交流目的，反而会引起不必要的误会。古往今来，因为会错意而造成的误会太多了，甚至有人因此破财丢命。

曹操被董卓追杀，得陈宫相救后逃到了成皋，由于天色已晚，就准备到父亲的结义兄弟吕伯奢家去借宿。吕伯奢见到故人之子十分高兴，准备杀畜款待曹操和陈宫。不想其家人在磨刀时说了一句："缚而杀之，何如？"此话惹出了滔天大祸。本来吕伯奢的家人是要"缚畜"而杀的，曹操却以为是要"缚他"而杀，结果吕伯奢一家九口全部被曹操杀害。说曹操生性多疑不假，但这场惨剧也是由弦外之音引起的。

在人际交往中，很多误会都是由弦外之音造成的。发现问题不是终点，解决问题才是目的。俗话说："扬汤止沸不如釜底抽薪。"如何避免弦外之音呢？以下方法值得一试。

1. 说的话要精

有什么说什么，紧紧围绕沟通目的说话。如果你没话找话，那么很可能会给自己找来一大堆麻烦。

2. 用词要尽量准确

不要用有歧义的词或者句子。若对方没听懂你要表达的意思，不妨多费点口舌，稍微啰唆一点，也要确保对方清楚你的意思，以免引起误会。

3. 尽量说普通话

在外出工作或与人打交道时，尽量说普通话。方言土语外人难以听懂，容易让人产生误解。当然，你的普通话水平不一定要很高，只要能够表达清楚，让他人准确领会你的意思即可。

4. 不计较他人的口误

"金无足赤，人无完人。"人们在说话办事时，难以做到百分之百的准确，如果你过分计较，对方也会跟你计较。反过来，如果你总是宽宏大量，对方也会对你表示友好。

5. 不在背后批评人，不说别人的坏话

如果你对甲说乙的坏话，那么甲很可能会认为你在乙的面前也同样说他的坏话。况且，好话不出门，坏话传千里，慎言慎行方能维护自己的好名声。

练习指南

1. 回想自己曾说过的令别人产生误解的话语，以此为教训，避免日后再犯。

2. 在谈论重要的事情时，若对方露出不明白的表情，一定要再次强调一遍，直到确认对方听明白为止。

3. 向别人交代重要事务时，遵循重要的事说三遍的原则。如有必要，可以请对方复述一下你说过的话。

把话说到对方心坎上

核心提示

了解对方在想什么，知道自己怎样说才能让对方更易接受。

理论指导

了解听者的心理是掌握说话技巧的基础。你只有了解到听者心理，才会懂得在什么场合该讲什么，不该讲什么，哪些话能够打动听者的心，使听者产生共鸣。

人的心理变化不定，较难把握，但在有些场合，人的内心想法又常会通过各种方式外露。如果你善于观察听者的一举一动，并能据此分析和推测，那么掌握听者的心理也并非难事。例如，你在讲话时，若听者发出唏嘘声，说明听者不爱听你讲的话；若听者的双眼注视着你，说明你的讲话非常吸引人；若听者左顾右盼，说明听者可能有着急的事情要办，但又出于礼貌而不好意思离开……当然，有许多人善于抑制自己的感情，不轻易外露，即使这样，只要你细心观察，也会发现蛛丝马迹。

战国时期，一次魏文侯和一班士大夫在闲谈。魏文侯问他们："你们看我是一位怎样的国君？"许多人都回答："您是仁厚的国君。"可一位叫翟璜的人却回答："您不是仁厚的国君。"魏文侯追问："何以见得？"翟璜答道："您攻下了中山之后，不拿来分封给兄弟，却封给了自己的长子，这显然出于自私的目的，所以您并不仁厚。"翟璜一席话说得魏文侯恼羞成怒，他立刻命人将翟璜赶了出去。魏文侯不甘心，他又接着问任座："我究竟是一位怎样的国君？"任座答道："您的确是位仁厚之君。"他这样说，魏文侯反而疑惑了。任座接着说："我听说凡是仁厚的国君，其臣子一定刚正不阿、敢说真话，刚才翟璜的一番话很耿直，因此，我知道您是个宽厚的人。"魏文侯听了，觉得言之有理，连声说："不错，不错。"他立即让人把翟璜请了回来，而且拜他为上卿。

从这则故事中，我们可以看出任座的机智聪慧，他抓住了魏文侯喜欢被人尊为仁厚之君的心理，并借此巧妙地化解了翟璜的困境。

练习指南

1. 与人交流时不要自顾自话，要随时观察对方的表情。
2. 沟通时根据对方的言行举止，分析对方的心理活动。
3. 沟通时，注意对方的肢体语言，特别是对方下意识做出的一些动作。
4. 与人沟通，应以善为基。当对方知道你说话做事是在为他着想时，即便你说话有点小失误，对方也不会过分难为你。

说话要因人而异

核心提示

说话要分对象，不可千篇一律。

理论指导

有的人说话不分对象，心里想什么就说什么，可是说者无心，听者有意，在不知不觉中就会得罪人，给自己制造很多不必要的麻烦，甚至会造成一些无法挽回的损失。

在人际交往中，当我们遇到不同的人时，说话方式要有所不同，这样有利于达到沟通目的。

在跟人说话之前，你要先了解对方的个性。如果对方喜欢委婉的交谈方式，你就应该说得含蓄些；如果对方是个直率的人，你就应该说得爽快些；如果对方崇尚学问，你就应该说得富有哲理；如果对方喜谈琐事，你就应该说得通俗些。总之，说话方式只有符合对方的个性，双方才能说到一块去。

每个人都应该掌握与不同对象谈话的技巧。大致来说，你需要做到以下几点。

1. 与地位高于自己的人谈话时，应保持个性

你要学会独立思考，不当"应声虫"。

2. 与长辈谈话时，应谦虚

长辈在教育晚辈时，常说："我走过的桥比你走过的路还多。"这话有一定的道理，长辈接受的新知识也许比晚辈少，但其人生经验要丰富得多。因此在与长辈谈话时，一定要保持谦虚的态度。

3. 与后辈谈话时，应沉着、稳重

这是因为后辈的思想虽然超前，但某些方面的知识可能远不及你，因此，你无需过分降低身份。另外，你可以与后辈谈一些他们感兴趣的事，让其相信你与他们站在同一立场，与他们有同样的观念，这样有利于谈话的顺利进行。

4. 与地位低于自己的人谈话时，应庄重

与地位低于自己的人谈话时，你要庄重、和善，让对方觉得你对其所说的话感兴趣，避免表现出"支配者"的面孔。例如，你在和下属谈话时，可以夸奖其工作出色，但话不要太多，也不能太显亲密。

练习指南

1. 你平时说话会因人而异吗？若做不到，请从现在开始逐渐加强这方面的练习。具体执行时，可先从打腹稿开始。

2. 根据自己工作与生活中常接触的人群，比如异性、孩童等，总结出与他们说话所要遵循的原则。

3. 在和重要人物交流之前，最好先了解一下对方的性格特点；若无法探知，在交流时应言行谨慎，可试探性地进行询问。

做错事后不妨先自我检讨

核心提示

做错事后要及时进行自我检讨，不要等对方找上门来再认错。

理论指导

当你做错事或遇到麻烦时，若不可避免地会被他人数落或指责，不妨先主动地自我检讨一番，以示歉意或悔意。对方在看到你已经承认错误或有悔改之意后，通常也不好意思过分指责你了。

当你有求于他人，而他人没有爽快地答应你时，你可以这样说："我知道这可能是无理的请求，但是……"如果你犯了大的错误，你可以这样说："我说这些话可能有点多余，但是……"此时，即使对方根本就不想听你解释，也不会因此当面拒绝或指责你。若反复说明，效果也许会更好。对方一旦愿意耐心听完你的请求，就极有可能接受你的请求，或好心地为你指明解决问题的方法。

自我检讨到底有多大的功效呢？

美国著名励志大师卡耐基经常带一只小狗到公园去散步。因为公园里游人不多，而他的小狗又不会伤人，所以他常常不给小狗拴狗链或戴嘴套。

一天，卡耐基又像往常一样带着小狗到公园去散步。糟糕的是，他在公园里遇见了一名警察。

警察见此情景，就严厉地责问卡耐基："你的狗跑来跑去，为什么不给它拴上链子或戴上嘴套呢？你难道不知道这样做是违法的吗？"

"我知道，先生。"卡耐基压低声音说，"不过，我的小狗很温顺，我认为它不会在这里咬人。"

"你认为！可法律不管你是怎样认为的！小狗可能会在这里咬死松鼠，或咬伤小孩。这次我就不追究了……如果下次再被我碰上，你就必须得向法官解释了。"

此后几天，卡耐基的确照办了。但他的小狗不喜欢戴嘴套，他也不想让小狗受委屈，于是就抱着侥幸的心理依然故我。一天下午，他在一个小山坡上遛狗，突然又看见那名警察正向他走来。

卡耐基心想，这下麻烦了。于是，他决定不等警察开口就先自我检讨。他说："警察先生，您又当场逮到我了！我有罪！因为您上个星期就警告过我，如果再带小狗出来而不给它戴嘴套，您就要惩罚我。"

"好说，好说。"警察说，"我明白谁都不忍心给可爱的小狗拴上链子、戴上嘴套。"

"我的确是不忍心。"卡耐基附和着说，"但这是违法的。"

"哦，事情没你想象得那么严重。"警察说，"请你下次一定要给小狗拴上链子、戴上嘴套。"

在这里，卡耐基正是使用了先行自责的说话技巧，使警察觉得卡耐基已经深刻认识到了自己的错误，从而表现出宽容的态度。

练习指南

1. 谨言慎行，不要冒失冲动。若以前在这方面做得不好，就要挖掘其根源，并制订改善计划，切实执行。

2. 一旦发现自己做错了事，就要及时补过，该道歉就道歉，该接受处罚就接受处罚。

3. 认错时一定要态度诚恳，发自内心，让对方感受到你的真诚。

不轻易向他人打包票

核心提示

即便相信自己真的能做到，也不要轻易向他人拍着胸脯打包票。

理论指导

首先，在做事方面，对于别人的请求，你可以接受，但不要"打包票"，应代以"我尽量"或"我试试看"等话语。对于上级交办的事，尽量不要说"保证没问题"，应代以"应该没问题，我会全力以赴"之类的话。这是为自己万一做不到而留点余地。事实上，这样说无损你的诚意，反而更能显出你的谨慎，别人会因此更信赖你，即便事情没做好，也不会责怪你。

其次，如果你与他人出现意见分歧，请不要口出狂言，更不要说出"势不两立"之类的话，不管谁对谁错，都要冷静对待。无论你多么气愤，都要尊重他人。

说话不留余地等于不留退路，"要么成功、要么失败"的简单逻辑已经不适应这个复杂多变的社会，为此付出的代价有时是你无法承受的。与其和自己较劲，不如改变一下说话方式，多用一些委婉的词句，给自己留点余地。

不确定的说法一般可以降低人们的期望值。当你无法顺利完成任务时，人们会因对你期望不高而表示谅解，以此代替不满，同时会看到你的努力，不会全部抹杀你的成绩；当你能够出色地完成任务时，他们往往会喜出望外，这种增值的喜悦，会给你带来很多好处。

最后，把话说得太满，并不能与自信画等号。真正有自信的人，都懂得谦卑，不会把话说得太绝对。

总之，说话留有余地，不轻易向他人打包票，是说话和做事的一种基本策略。

练习指南

1. 若有说话太满、太绝对的习惯，请即刻改正。
2. 找一件相对有把握完成的事，用相对谦虚的语言向身边人描述事件结果，并预想可能发生的意外事件及由此引发的反向结果。为了提高学习效果，请看完这段话后即刻去做。

对失意的人不说得意的话

核心提示

不在失意的人面前炫耀自己的得意事。

理论指导

无论是在工作上，还是在生活中，当你恰逢喜事时，不能光顾着自己高兴，还要注意他人的情绪。在失意者面前，不管你如何"人逢喜事精神爽"，都要有意识地压制心中的"得意"。

在工作中，即使你事先知道自己因工作出色而要升职加薪了，在公司未公布之前，也不要在办公室里四处宣扬，或故作神秘地对关系密切的同事透露。原因在于，你升职了，就意味着某些同事的升职希望破灭了，而你的显摆很可能会引发个别人的嫉妒之心，甚至会给自己招来不必要的麻烦。

最近一段时间，丽丽的心情不太好，因为公司裁员，她失业了。她的同学、好友兼同事芊芊的工作倒是非常顺心，最近又被提升为部门副主管。同学聚会，丽丽本来特别不想去，但是被芊芊硬拉去了。当大家闲聊时，芊芊向大家宣布自己升职了，并主动承担全部聚会费用，此时，整个聚会成了芊芊的庆功宴。在大家的掌声中，丽丽悄然退出，她觉得自己很难堪。此后，丽丽再也不与芊芊来往了。

通常而言，年轻人分享自己遇到的好事是正常的，但若因为兴奋"过度"而伤害了朋友的自尊心，那就不妥了。

在失意的人面前，千万不要说得意的话。失意的人原本心情就比较差，情绪也不太稳定，他们希望听到的是一些安慰、鼓励的话，而并非你想要展现的"优越感"。当发现朋友有不顺心的事情时，你要学会放下自己的"得意"而去安慰他们，为他们提供力所能及的帮助。这样，在你遭遇"失意"时，别人也会以同样的方式安慰你，让你感受到友情的温暖。

练习指南

1. 当你发现身边的朋友有不顺心的事情时，要先安慰、鼓励他们，并为他们提供力所能及的帮助。

2. 如果想当众宣布自己的某个喜讯，最好事前探听一下听众中有没有最近生活或工作特别不顺的人。若有，且此人对你非常重要，则应尽量回避，以免对其造成伤害。

3. 当其他人在失意者面前炫耀得意之事时，你要视彼此之间的关系，用适当的话语进行制止。

4. 办喜庆活动时，若需邀请"失意者"参加，应先对其表示关心，再发出邀请。若对方无意出席，则不要勉强。

第 2 章

交际口才

用开场白消除陌生感

核心提示

与陌生人交往，说好开场白，可以给对方留下好印象。

理论指导

说好开场白，不仅能消除彼此之间的陌生感，还能拉近双方的距离。可以说，说好开场白，就相当于拥有了一把打开陌生人心扉的钥匙。

怎样才能说好开场白呢？以下几种方法可供参考。

1. 巧搭关系

通常情况下，与他人交流之前，若能了解对方的基本情况，就可以找到拉近双方关系的方法与话题。

三国时期，鲁肃在拜访诸葛亮时，见面说的第一句话就是："我是你哥哥诸葛瑾的好朋友。"这看似简单明了的一句话，却缩短了交谈双方的心理距离，从而为后来的"孙刘联合，共同抗曹"打下了基础。

2. 表达同感

和他人交谈时，若能恰到好处地袒露情感，比如肯定其成绩、赞美其品行、同情其遭遇以及安慰其不幸等，都有助于赢得对方的好感，使对方产生一见如故的感觉。

在美国某市区，有一个很受欢迎的服务项目——全天候电话聊天。据统计，该市每个月有近两百名孤单寂寞者参与这个服务项目。他们喜欢听到接听电话的专家们说："今天我也和你一样感到孤独、寂寞。"因为这句话充分表达出了接听电话的人对孤单寂寞者的同情和理解，能使他们产生共鸣，所以许多听众都愿意向接听电话的专家倾诉自己的烦恼。

3. 添趣助兴

如果你想让交谈的气氛轻松一些，提起对方的谈话兴趣，那么可以运用风趣幽默的语言。

威尔逊在担任美国新泽西州州长后不久，有一天，一个朋友邀请他参加宴会。宴会开始时，主人向其他宾客引荐威尔逊，说他是"美国未来的大总统"。无疑，这是在恭维威尔逊。紧接着，威尔逊也做了自我介绍，他说："我给大家讲一个我听来的故事，我和这个故事中的人物很像。在加拿大有一群钓鱼爱好者，其中有一位名叫约翰逊，有一次他试着喝了一种烈性酒，而且还喝了不少。结果，在他们坐火车返程的时候，这位醉汉没能和其他伙伴一起搭上往北去的火车，而错搭了往南去的火车。他的同伴们发现后，赶紧给往南开的列车的负责人打电话，'请把那个名叫约翰逊的人送到往北开的火车上，他喝多了。'喝醉的约翰逊既不知道自己的姓名，也不知道目的地在哪里。而我比他强一点，我知道自己的名字，可是我也不知道自己的目的地在哪里。"

威尔逊的开场白把大家逗得哈哈大笑，气氛一下子变得很轻松。那天晚上，威尔逊和其他宾客相处得非常融洽。

宴会主人的介绍将威尔逊摆在一个高高在上的位置，而威尔逊的一番话拉近了他和宾客之间的距离，从而获得了理想的交流效果。

4. 扬长避短

每个人都有优点，也有缺点。当然，人们都希望多提自己的优点，不希望问及自己的缺点。因此，跟初识者交谈时，以直接或间接赞扬对方作为开场白，可以让对方产生好感，激发对方交谈的兴趣。相反，在和他人交谈时，如果你总是有意或无意地提及对方的缺点或短处，那么可能会伤害对方的自尊心，让对方产生反感，从而不愿意和你继续交谈下去。

练习指南

1. 活学活用本文介绍的这几种说好开场白的方法，争取在与人交流时收到良好的效果。
2. 设计至少两种与陌生人交流的情景，自我检验开场白的效果。
3. 重要场合的开场白，一定要事先打好腹稿，或先说出来让身边的亲人和朋友帮助检验效果。
4. 以自己的姓名、籍贯或职业为创意元素，简拟一份有趣的自我介绍，并适时运用。

自我介绍要恰到好处

核心提示

掌握自我介绍的技巧，争取给他人留下深刻的印象。

理论指导

自我介绍等同于一个人的门面，适当且有特色的自我介绍能够给人留下深刻的印象。所谓印象，是指一个人的某些特征在他人头脑中留下的迹象。交际心理学认为，初次见面时，人们都希望彼此能有所了解，并渴望得到对方的尊重，而及时且简明的自我介绍，可以从一定程度上满足对方的这种需求，同时对方也会做出自我介绍。以诚相见能为人们的进一步交往奠定良好的基础。并且，自我介绍也是交际中与他人进行交流、增强了解、建立联系的一种基本方式，是人与人沟通交流的起点。

自我介绍的内容可以根据自己的实际需要以及所处场合而定，尽量要有针对性。

1. 自我介绍的技巧

（1）清楚地介绍自己的姓名

姓名代表着一个人的独特性，因此在介绍自己时，应该清楚地告诉对方自己名字的正确读音与写法。

（2）角度独特，语言生动

自我介绍时，可以选择一个独特的角度，使用生动活泼的语言，把自己"推销"给别人，而不要借助别人的威望来抬高自己，更不要靠"吹"来吸引对方。

有些人在介绍自己时，总喜欢跟某些重要人物拉上关系，如"某某是我的老朋友""著名的某某曾与我住在同一栋宿舍楼里""昨天我收到了某某刊物的约稿信"等，这样的自我介绍或许能吸引那些追名逐利的人，但也常常会让人生厌。

（3）自我介绍应根据具体场合，详略得当

场合不同，对自我介绍的要求也不同。在特定场合下，自我介绍的内容需要全面而详尽，不但要说清姓名和身份，目的和要求，还要介绍自己的学历、经历、资历、个性、特长、能力以及兴趣等。为了获得对方的信任，有时还必须讲一些很具体的事例。常见的场合如求职应聘，就必须如此。

也有一些场合，自我介绍不必面面俱到，不用把自己的姓名、兴趣、年龄、专长等全盘托出。话不用多，表意就行。自我介绍时，如果能运用"以点带面""抓住一点不计其余"的办法，反而会收到意外的效果。

2. 自我介绍的要点

（1）要有自信

在人际交往中，有一部分人怕见陌生人，只要见到陌生人，他们的思维就如凝固了一般，手脚也变得僵硬起来。原本比较爽利的一个人，一说话却结结巴巴；原本就不善言辞的人，嘴巴更是如同粘上了封条。这样如何能顺利地进行自我介绍，并给对方留下好印象呢？要想克服这种胆怯心理，关键是要有自信。只有充满自信，才能介绍好自己，从而给别人留下深刻的印象。

（2）要真诚自然

我们应掌握自我介绍的语言艺术，这种艺术绝非花言巧语，而应以热心、真诚、礼貌以及得体作为根本。因此，如果你希望掌握这门语言艺术，期待初次见面就能与对方建立良好的关系，请务必保持诚恳的态度。

（3）注意场合

做自我介绍的初衷就是要给对方留下一个好印象，所以应从能让对方理解的角度来交流。如果是第一次参加某方面的研讨会，有人自我介绍说："我叫王小明，下面由我来发言。"参会者可能会想：这是谁？他代表哪个单位？他的意见有价值吗？因此，面对这么多有想法的听众，发言者只介绍"我叫王小明"是不妥的，其不妨这样介绍："我叫王小明，是某某单位的负责人。我第一次参加这样的研讨会，请大家多多指教。现在我针对这个问题来谈谈自己的看法……"如此这般介绍，才不会令听众产生疑惑，从而专心听其发言。

（4）分清对象

自我介绍时，应根据与自己交流的人的情况随机应变。如果你面对的是年长又严肃的人，那么最好认真且规矩一些；如果对方很随和并有幽默感，那么不妨灵活一些。

练习指南

1. 在各类社交场合中，我们都需要做自我介绍。很多人简单地认为自我介绍就是自报姓名而已。其实，从某种角度而言，自我介绍也称得上是一种学问与艺术，也需要掌握一些必要的技巧。如果你以往的自我介绍过于简单，那就从现在开始，给你的自我介绍增加点"技术含量"。

2. 总结以往的经验，改进自我介绍的方法，争取让自己满意。

3. 参加重要社交场合之前，应当先进行模拟演练。

礼貌地介绍他人

核心提示

了解介绍礼仪，礼貌地介绍他人。

理论指导

在介绍他人时，需要注意以下几点基本礼仪。

1. 介绍人

如果三个人相遇，其中两人彼此认识，第三个人却不认识其中一位，那么另一个人就有义务充当介绍人，对不相识的双方做出介绍。

作为主人，当招待不止一位客人时，客人中若有互不认识的，主人应负责介绍。

2. 介绍的次序

一般情况下，应先提起女士的名字，然后再提男士的名字。例如，"王丽小姐，我来为您介绍一位新朋友，这位是吴波先生。"

当然也会有例外。如果介绍一男一女认识，男方若是长辈，或者年纪比女方大很多，那么应将她介绍给这位男士，以表示对长辈的尊敬。例如，"张教授，让我介绍小倩同学给您认识。"

如果被介绍的两人性别相同，那么应把年纪小的介绍给年纪大的，同样也是尊敬长者之意。另外，通常先介绍未婚者给已婚者，除非未结婚的一方年龄比已婚者大了很多。而在年纪相差不多的男士中，并不计较介绍的顺序，但当其中一方属于德高望重者，或担任领导职务时，自然应先将别人介绍给他。

总之，我们要在介绍时牢记一个原则，先提某人的名字是对他的一种尊敬。

3. 介绍的内容

（1）分对象与场合做出介绍

对于介绍的内容，一般应说明对方的工作单位、职位等。介绍人如果能找出双方某些共同点会更好，比如张三是作家，李四是出版商，那么可以说出其中的关联关系，令双方谈话更顺利。

在介绍自己的家人时，不应在家人姓名后加上"先生""太太"或"小姐"等称呼。若谈到儿子或女儿，应称"小儿"或"小女"，兄弟姐妹则应称家兄或家姐、舍弟或舍妹，然后加上他们的名字。

例如，向客人介绍女儿时，应说："这是小女芳芳！"如果对方是年轻的男士，则可以说："某先生，你见过小女芳芳吗？"如果女儿已婚，那么不必称其为"小女"，可以说："我的女儿。"

若是向父母介绍自己的朋友，可以说："爸爸，这是我的朋友何小姐！"或者："妈妈，这是我的朋友王平先生！"

如果是在聚会场合，介绍方法又有不同。一般在宴会、舞会以及普通聚会上，来宾较多，这时就不必逐一介绍了，主人只需介绍坐在自己身旁的客人相互认识即可。其他客人可主动与邻座聊天，不用等主人介绍。

家庭聚会时，可适当地向一部分人介绍后到的客人，比如向同桌的人介绍后到的客人："这位是王先生……"。

（2）如何向他人介绍妻子或丈夫

在介绍丈夫时，也可以称丈夫为"先生"或"老公"。在介绍妻子时，也可以称妻子为"老婆"。无论是丈夫或妻子，都可以统称为"爱人"。

在正式的社交场合，或家中来了客人，介绍自己的妻子或丈夫给初次会面的朋友认识时，是有一定讲究的。

介绍爱人给朋友认识，应先把爱人介绍给朋友，然后再把朋友介绍给爱人。并且，在介绍前，应先征得朋友的同意，可以这样说："孙太太，我介绍我的爱人与你认识好吗？"但若把次序颠倒过来，说成："孙太太，我介绍你和我的爱人认识好吗？"就会失礼。或者，可以在介绍时说："孙太太，让我介绍一下我的丈夫夏志清。"或"这是我的爱人夏志清。"

练习指南

1. 若以前不懂得如何介绍他人，可以在家中让家庭成员配合你进行演练。
2. 结合当地风俗，礼貌地介绍他人。
3. 核实相关信息，如所要介绍之人的职位、社会头衔等，并尽量询问被介绍者的意见，让其知道你会如何介绍他。

学会与陌生人交流

核心提示

掌握与陌生人讲话要注意的重要事项，成为一个善于与陌生人交流的人。

理论指导

1. 交谈时应注意对方的眼神

与陌生人交谈时，应注意观察对方的眼神。生活中许多人对此并不在意，经常犯一些错误。例如，有些人习惯边讲话边环顾四周，还有些人听对方说话时总是东张西望。显然这两种行为都不合礼仪，都是应该避免的。

我们无论与何人讲话，都应注视对方，但不是紧紧盯着，而是认真地关注。当你注视对方时，你会发现从对方的眼睛里能读懂很多东西，而且这种关注也会给对方带去力量。在听别人讲话时，不要环顾四周，否则这种心不在焉的态度会使对方失去谈话兴趣。

2. 不要"独裁"交谈的话题与内容

在我们周围有很多交谈的"独裁者"。这显然不是一个好习惯。要想改进这一点，时刻注意自己的讲话内容不失为一个好方法。例如，注意自己讲话时是否盛气凌人，是否固执己见，是否不给别人阐述个人意见的机会，同时应注意看听者是否有意离开，或看上去很不耐烦。

有一种人，当别人想对他讲一些事情时，他只讲自己的；还有一种人，总是坚持讲别人根本不愿意听的事。这两种人还常常坚持要别人听到最后，尽管对方已经表现出不耐烦。

这些弱点是一些人性格中的一部分，并且根深蒂固，要想彻底改掉是很难的。如果你发现自己在谈话时有"独裁"的倾向，那么请停止发言，多听听他人的意见。如果你担心自己谈话的内容会令人生厌，就尽量多看网络资讯或报刊，研究一个能引起大家注意的话题，当然一定是听者都感兴趣的，比如热点新闻事件等。丰富的知识储备，不但能让自己轻松加入谈话，而且还能传递有趣或有价值的信息。

如果有人向你重复讲述自己的英勇事迹，你可以这样说："哦，是的，我记得当那个人倒下的时候，您是如何让每个人都靠后的，是您救了他的命。"接着赶快转换话题。若你是对话中的一员，有人在重复讲一个故事，你可以悄悄离开；倘若被人注意到了，你可以说："我知道那件事。对不起，我离开一下，一会儿就回来。"

3. 谨慎回答私人问题

对于私人问题，我们可以谨慎回答或不回答。例如，当有人询问你新衣服的价钱时，除非是很亲近的人，否则你是没有义务为他提供相关信息的。一般可以回答："我忘记花多少钱了。"

对于钱、薪水之类的询问，同样是不合适的，被询问者完全可以置之不理。当有人问你这类问题时，你可以回答对方："假如您不介意的话，我不想谈这件事……"随后转变话题。

还有些类似于窥探的问题，如"你是做什么工作的"。这样的问题最好在对方指明了知识领域后再询问，或者谈论到与工作相关的话题时，再询问对方："您从事的工作属于这个领域吗？"

4. 该沉默的时候要沉默

请牢记一点，当遇到不懂的问题时，宁愿保持沉默，也不要乱说。有些人经常因为不懂装懂，且说得太多，而带来不必要的麻烦。

说话随便无重点的人往往不可靠，而一直保持沉默的人又很难活跃交谈气氛。所以，关于交谈，选择适中的方式往往是最好的，既要懂得何时该听别人讲话，也要懂得何时该自己讲话。

5. 一定记得"三思而后说"

人们只要反观一下自己就会明白，几乎所有在交谈时出现的失误或错误，都是因为没有认真思考或缺乏思考而造成的。因此，"三思而后说"是明智之举。

6. 适时回避

很多时候，人们需要学会回避自己不想参与的交谈。

（1）被人吹捧

如何回避吹捧者呢？当有人无休止地吹捧你的工作做得多么出色，或者你的孩子多么优秀时，你可以礼貌地加入自己的评论来转换话题。

（2）被问年龄

有些人喜欢询问别人的年龄，被问者往往不愿作答。对于这个问题，有许多方法可以回避。你可以说："哦！足够大了。"或者告诉对方一个大概的年龄，比如说"超过21岁了"等。如果对方还坚持问，那么不妨直接告诉他："我不想告诉你。"

（3）面对不当言论

面对不当言论时，要及时反击，或快速转移话题。例如，有人在你面前诋毁你喜欢的某个团体或某人时，你可以诚恳地告诉他，这种言论令人讨厌，你不想再听到这些话了，然后走开；也可以直接回答："我们不谈这个了，换个话题吧。"然后转换话题。

练习指南

1. 根据经验，再多总结几条与陌生人交谈需要注意的事项。

2. 与陌生人交谈没有固定模式可鉴，应学会随机应变。

3. 不管对方是何种身份、何种地位，与其交谈时都要尊重对方。

选择能够引起对方兴趣的话题

核心提示

沟通时要顾及谈话对象，把对方关心的问题当作话题。

理论指导

有些人在和朋友、家人一起聊天时，话题总是源源不断，但一遇到陌生人，就变得头脑空白，说不出话来。这是为什么呢？原因在于其根本不了解对方所关心的话题是什么。

1. 顾及谈话对象

在交际中，你对每一次交谈的话题都应该精心选择，不要随心所欲地张口就来，否则，在还未进入交谈正题时，就已经让人失去谈话兴趣了。

在选择交谈话题时，你要顾及谈话对象。话题只有让对方感兴趣，谈话才有可能继续下去。例如，你是球迷，切莫以为别人都是球迷，逢人就谈球赛，遇到对球不感兴趣的人也大谈特谈，这会让对方感到无趣。

除了关注对方的兴趣外，在选择话题时，你还要小心避开对方的禁忌，尽量选择"安全系数高"的话题。例如，对于不幸者，忌谈他所遭受的不幸的往事；对于失恋者，忌谈有关爱情与婚姻等问题；与医生、律师等专业人士交谈时，在他们工作以外的时间，不宜谈太多专业话题，如什么病该怎么医治，什么纠纷该怎么处理等；与政界要人交谈时，往往不宜谈政治、宗教等问题。

2. 选择适当方式

无论与什么人交谈，只有选择适当的方式，才能找到合适的话题，也才能让事情朝你期待的方向发展。

黄昏时分，在一个公园里，有两个擦鞋的人正高声吆喝，以招徕顾客。

其中一个人对顾客说："请坐，让我为您擦擦皮鞋吧，保证让您的皮鞋又光又亮。"

另一个人则对顾客说："约会前，请先擦一下皮鞋吧！"

结果，前一个擦鞋的人摊前的顾客寥寥无几，而后一个擦鞋的人的喊声却收到了意想不到的效果——很多年轻人都纷纷过来擦鞋。

同样是擦鞋，为什么这两个人的生意有好有坏呢？

第一个擦鞋的人说的话，尽管礼貌、热情，还有质量保证，但与情侣们此刻的心理需求有差距。因为，在黄昏时刻破费钱财去"买"个"又光又亮"的效果，显然没有太多吸引力。

而第二个擦鞋的人说的话就与情侣们此刻的心理非常契合。"月上柳梢头，人约黄昏后"，在这充满温情的时刻，谁不愿意以干干净净、漂漂亮亮的形象出现在心爱的人面前呢！一句"约会前，请先擦一下皮鞋吧！"正说到了情侣们的心坎上。

其实，寻找话题并不是一件很困难的事，因为在你的生活中，凡是看到或者听到的事物，都可以拿来当作话题，只是要选择恰当的方式。

练习指南

1. 与人交流时，根据谈话对象的不同，应选择不同的话题。例如：

   （1）选择与谈话者自身利益密切相关的话题；

   （2）选择与谈话者兴趣爱好、职业、年龄等相关的话题；

   （3）选择具有权威性的话题；

   （4）选择新奇的话题。

2. 在看电视、听广播或浏览网络新闻时，留心收集新鲜素材，以备谈话时使用。

3. 见重要人物之前，根据对方性格、爱好、职业等，至少准备3个话题。

用闲谈拉近双方的距离

核心提示

学会闲谈，用闲谈拉近与他人之间的距离。

理论指导

闲谈是你与他人深入交流前的热身准备。很多时候，通过闲谈，可以让两个毫无关联的陌生人很快成为朋友，甚至成为知己。

富兰克林·罗斯福在参加总统竞选期间，有一次在一个宴会上，由于他知名度非常高，因此在场的人几乎都认识他，但罗斯福却不认识参加宴会的人。尽管这些人都认识罗斯福，但态度却有些冷漠。于是，他想出了一个同他们进一步交流的好办法。他对坐在自己旁边的路斯瓦特博士悄声说："路斯瓦特博士，请您把坐在我对面的那些客人的大致情况告诉我行吗？"路斯瓦特博士听到后便把这些人的大致情况向罗斯福作了介绍。

掌握了基本情况后，罗斯福在闲谈中随口向那些不认识的来宾提出了一些简单的问题，进而通过简短交流了解到他们的性格、特点、爱好以及职业等。同时，罗斯福已经想好了同他们闲谈的话题，并由此引发来宾们谈话的兴趣。没过多久，罗斯福就通过闲谈和来宾们成了朋友。

很多人都认为闲谈是一件浪费时间的事，但你要知道，社交性质的谈话,多半都是从"闲谈"开始的。实际上,有些人之所以人缘好、交际广,就是因为他们具有一流的"闲谈"功夫。

在人际交往中,应该如何与人闲谈呢?以下方法可以借鉴。

1.聊聊天气

天气是人们经常提到的一个话题。天气对人们日常生活的影响很大。天气好,不妨齐声赞美;天气热,也不妨交流一下由此带来的烦恼;有关台风、暴雨、雪灾的消息,更值得聊一聊,因为那些是人们都关心的话题。

2.谈谈家庭

关于家庭生活的各个方面,比如儿童教育、购物经验、家居布置、夫妻之间以及亲朋好友之间的相处之道……这些都是很多人感兴趣的话题。

3.聊聊轰动一时的社会新闻

轰动一时的社会新闻是最吸引人的闲谈话题。如果你有一些具有独特价值的新闻或对此有特殊的意见或看法,那么足以把一批听众吸引到你的周围。

4.说说健康与医药知识

如今,健康被越来越多的人所关注,所以关于健康与医药方面的话题,也是很多人都感兴趣的。有名的医生、对常见疾病的护理知识、自己或亲友治病及养病的经验、延年益寿的秘诀、减肥的绝招……这类话题也许只是一家之言,但它能吸引他人的注意力。特别是在遇到朋友或其亲人出现健康问题时,如果你能向对方提供有价值的建议,对方就会愿意与你进一步交流。

5.开开自己的玩笑

你可以把自己曾经历的一些无伤大雅的可笑事件说给别人听,比如买东西上当、语言上的误会等,这一类笑话多数人都爱听。开开自己的玩笑,在博人一笑的同时，还会让别人觉得你为人随和，很容易相处，从而愿意主动与你交流。

练习指南

1. 掌握本文提到的这几种闲谈技巧，并适时运用到闲谈中去。

2. 与人闲谈不是想说什么就说什么，也要根据对方的职业、个性、爱好等情况，进行有针对性的交流。在下一次与人闲谈时，不妨在这方面做做功课，看看效果如何。

3. 闲谈时多观察对方的眼神和肢体语言，别只自顾自说而忽视对方。

避免说话啰啰唆唆

核心提示

说话不要太啰唆，否则没人会喜欢和你交谈。

理论指导

社交场合一旦出现了说话啰唆的人，任何人都会感到伤脑筋：这类人往往大大咧咧、漫不经心，讲起话来啰啰唆唆且完全不合逻辑，他们对此毫不在意，反而觉得自己所说的话很有意义。他们既不知道自己在说些什么（没有明确主题），也不知道自己为什么要说这些（没有明确目的），更不知道在什么场合说什么话（不了解谈话的基本规则）。

　　说话啰唆是人性格上的一大弱点。它会让人感到厌烦，又不好意思打断。于是就有人提出了一个颇具幽默的设想，建议具有这种性格弱点的人说话时想象自己是在打国际长途电话，其必须为自己所说的每一分钟付费。这是一种合理的设想，因为啰唆就是在浪费别人的时间。

　　如何才能做到不啰唆呢？行之有效的方法就是学会简洁明快地表达。从任何角度来看，没有人会心甘情愿地为自己的一堆废话付费。

　　两个多年未见的老朋友相聚了，他们对于这一天的到来都盼望了很久。其中一个人还带了他热情开朗的新婚妻子一起来见面。但这位妻子从一开始就独占了整个谈话，她滔滔不绝地讲起了那些她觉得很好笑、很有趣的事情。出于礼貌，两个男人默默地听着，偶尔尴尬地彼此对看一眼。当他们分开的时候，那人的妻子站在门口的台阶上挥舞着手套，兴高采烈地说："再见！"并且还说她度过了一个很有意义的夜晚。而此刻，两个男人仍旧对彼此分别多年后的情况一无所知，心里都在或多或少地埋怨这个话多的女人。

　　沟通专家认为，说话啰唆的人，经常会犯如下错误。

　　（1）热衷于打断他人的谈话或抢接他人的话头，希望整个谈话以"我"为中心。

　　（2）由于自己注意力分散，一再要求他人重复说过的话题，或自己不记得已经说过了，而一再重复。

　　（3）谈话时像机关枪一样滔滔不绝地表达自己的意见，使人难以招架。

　　（4）随意解释某种现象，轻率地下结论，借以表现自己是内行。

　　（5）说话不合逻辑，令人不明其意，并总是轻易地从一个话题转到另一个话题。

　　（6）不适当地强调某些与谈话主题不相关的事物，东拉西扯。

（7）觉得自己说得比别人说得更有趣。

大家不妨对照一下，如果你具备了以上七条中的任何一条，那么就有必要提高自己的谈话技巧了。

切记：与人沟通时，仅仅有热切的交谈愿望是远远不够的，毫无价值的谈话只会给人带来烦恼。如果你还把啰唆当作一个无足轻重的小毛病，那你就大错特错了。现在，你需要做的就是立即改正，否则将无人愿意与你交谈。

练习指南

1. 记住本文提到的这些说话啰唆者的典型特征，并加以杜绝。

2. 反思自己是否有啰唆的毛病，并想出解决办法，刻意练习。

3. 与人沟通时，一旦发现对方不耐烦，就要及时停止发言，用提问的方式引导对方多说话。

4. 重要会议前，在笔记本上列出主旨、关键词或核心词，并默记于心，以保证谈话不会偏离主题。

尽量避免出现尴尬的场面

核心提示

避免尴尬是交际能力的一部分，因此你要力争避免不必要的尴尬场面的出现。

理论指导

当你满怀希望地向别人提出请求，却当场遭到对方拒绝时，那场面是十分尴尬的。这种因被拒绝而产生的尴尬，往往令人感到失落，甚至导致心理失衡，比如引发记恨或报复的心理，从而影响彼此之间的关系。

在现实生活中，造成尴尬的原因有很多，有些是无法预见的，或是难以避免的，但有些尴尬却是可以事先防范的。

在人际交往中，应该如何避免出现尴尬的场面呢？以下方法值得借鉴。

1. 打电话

打电话提出请求与面对面提出请求有所不同，由于彼此只能听到声音而见不到面，因此即使被对方拒绝，也不会对提请求者造成太大的心理影响。

2. 开玩笑

有时还可以把本来应郑重其事提出的问题用开玩笑的口气说出来，如果对方予以否定，那么可以把这个问题归结为开玩笑，这样既可以达到试探的目的，又可以在笑声中化解尴尬。

3. 顺势提出

有些问题，不必太过正式地提出，否则一旦被否定，你会感觉下不来台。例如，在执行某一交际任务的过程中，你可以利用适当时机，顺势提出自己的问题。这样给人的印象是你并未把此事看得很重，即使被人否定，也不会过于尴尬。

4. 触类旁通

运用触类旁通的方法进行试探的好处是可进可退。当你想提一个要求时，可以先提出一个与此同属一类的问题，以此试探对方的态度。如果对方表示肯定，那你便可以进一步提出自己的要求；如果对方明确表示否定，那就不要再提了。

5. 自我否定

当你对所提的问题拿不准，怕直截了当提出来会失言，造成尴尬时，可以选择在提出问题的同时，用自我否定的方式试探对方的态度。自我否定法隐含了两种可能供对方选择，而对方的任何选择都不会使你感到不安和尴尬。

练习指南

1. 掌握本文提及的五种预防尴尬的方法，并积极运用到实践中去。

2. 想一想自己提出的要求是否超出了对方的承受能力。如果要求太高，脱离实际，对方无力满足，这样的要求最好不要提出，否则只会自寻烦恼。

3. 你提出的要求应合理、合法。如果所提要求不合理或违反政策规定，对方肯定会拒绝，对此你最好免开尊口。

向人道歉时态度要诚恳

核心提示

掌握道歉的学问。诚挚的道歉不但可以弥补双方破裂的关系，而且可以促进沟通、增进感情。

理论指导

与人交往，不可避免地会说错话、做错事，得罪人也就在所难免了，有时甚至会给别人造成沉重的精神负担和巨大的经济损失。对此，你需要及时认识到自己的错误，诚恳道歉，并主动承担责任。一般情况下，能诚恳道歉并主动担责的人相对能得到别人的谅解。

当你诚心诚意地道歉时，语气应该温和，同时要真诚坦率，不要扭扭捏捏，更不要夸大其词。若脱离事实或言不由衷，别人不但不会接受你的道歉，反而会觉得你很虚伪。

有时，没有做错也需要道歉。例如，由于客观原因——天气突变或者遇到意外交通事故等，你未能准时赴约，给对方带来了损失或麻烦。这时你不妨先道歉，然后再做出解释，如果你一味地找客观原因，虽然对方表面上不会责怪你，但内心可能会有所抱怨。

如果你有求于人，对方尽了最大的努力，但由于条件所限，事情未办成；或事情办成了，但对方因此付出了很大的代价。这时你不妨发自肺腑地向其表示歉意或者谢意，这体现了你对他人劳动的尊重。

当对方不听你的劝告，闯下大祸，生命和财产遭受巨大损失时，你不应急于批评对方的错误，更不应埋怨对方不听你的劝告，而应先表示慰问，再对自己没有再三劝阻表示歉意。以后在适当的时机或场合，与他一起总结经验教训。这样做，凡通情达理者，必会万分感激，并把你当成可信赖的朋友。

认错、道歉要真心实意，不必过多辩解。即使你确有非解释不可的客观原因，也最好在诚恳道歉之后再作说明，而不宜一开口就不停辩解。这样只会扩大双方思想感情的裂痕，加深彼此的隔阂。

此外，道歉之事不宜拖延，把握时机很重要。很难想象几十年后的一句

"对不起"还能有多大作用。道歉宜早不宜迟，越拖延越难以启齿，从而错过道歉的最佳时机，过后就追悔莫及了。

王芳因为说话不小心，无意中伤害了朋友叶灵，为此她感到很内疚，想找机会向叶灵道歉。但是，叶灵当时很生气，根本听不进她的话。于是，王芳想出了一个好办法，过几天就是叶灵的生日了，她决定等叶灵生日那天，借着为她祝贺生日的机会，向她表达自己的歉意。在叶灵生日当天，王芳在叶灵每天必听的一个电台节目里，点了一首叶灵非常喜欢的歌，并请主持人代为转达自己的歉意："叶灵，对不起，我不是故意要伤害你。你能原谅前几天惹你生气的朋友吗？今天是你的生日，祝你生日快乐！我希望我们永远都是好朋友！"叶灵听后很感动，于是两人冰释前嫌。

在道歉时，你要懂得选择时机。不宜立刻道歉的情况有以下几种。

（1）在对方被激怒、火气正旺的时候，你的道歉通常不会有太大作用。此时最好的办法就是先默默地走开，等对方把火气发泄出来，冷静一段时间后，你再想办法道歉。

（2）如果你说错话，对方的反应不是发怒，而是悲伤，这时，你就有必要仔细思量一番。若你贸然上前道歉，很可能会碰一鼻子灰。正确的做法是：先找其他亲近的人帮忙劝说，然后自己再做出解释。

（3）如果有外人在场，道歉的话也不宜着急说，可以另找合适的时机。

（4）如果你犯的错误不是很严重，当对方工作正忙或正为其他事情焦虑时，你就不要打搅对方而强行道歉了，否则会令对方更加不满。

总之，道歉要选对时机和场合。若选在对方心情舒畅或有喜事临门时去道歉，矛盾往往容易化解，双方重归于好也就不是难事了。

练习指南

1. 需要道歉时，可以先陈述自己失误的原因。若错误已形成，当事人要先坦率地承认错误，真诚道歉，以平息对方的怒气；然后再向对方陈述事发的原因，说出自己的难处，从而让对方谅解你的过失。

2. 如果对方非常生气，你不妨适当夸大自己的过错，以消除对方的怒气。适当夸大自己的过错，意味着你有一颗勇于承担责任的心，同时也表达了你希望得到理解的愿望。

3. 当对方能听进你的话后，不妨接着分析一下利弊。分析利弊可以让对方感到你是站在其立场上想问题的，这样有利于对方接受道歉，同时也会对你产生好感。

第 3 章

说服口才

"怎么说" 比 "说什么" 更重要

核心提示

"说什么"是目的，"怎么说"是技巧。我们只有学会"怎么说"，才能达到说话的目的。

理论指导

说服别人的重点在于"怎么说"，而不是"说什么"。相同的意思，用不同的方式说出来，其效果是不同的。

一个下雨天，有一位教授去教堂做祷告，当他出来时发现他的伞被人拿走了。伞是朋友送他的礼物，他很珍惜。无奈之下，他登报寻伞，但是依然未能找到。

有一天，这位教授对一个商人讲述了这件事情。

"您的寻物启事是怎么写的？"商人问道。

"寻物启事在这里。"教授边说边从口袋里掏出了一张从报纸上剪下来的纸片。

商人接过来念道："本人于上星期日傍晚在教堂丢失了一把黑色绸伞，若是哪位好心人拾到了，烦请送到布罗德街10号，本人以5英镑作为酬谢。"

商人说："登寻物启事是很有学问的，您这样登可不行，这样是找不回伞的。我给您重写一则寻物启事，若是还找不回伞，我就买一把新的送给您。"

商人写的寻物启事很快见报了。第二天一早，教授打开屋门后大吃一惊，他的院子里横七竖八地躺着六七把雨伞。这些伞颜色各异，布的绸的、新的旧的、大的小的都有，全部是从院外扔进来的。

教授自己的那把黑色绸伞也在其中。另有好几把伞上还拴着纸条，说是没留心拿错了，恳请失主不要把这件事声张出去。教授立刻将这个情况告诉了商人，商人说："这些人还是诚实的。"

教授感到非常奇怪，他问商人："您的寻物启事是怎么写的？"

原来，商人是这样写的："上星期日傍晚，有人曾看到某人从教堂取走了一把雨伞，取伞者如果不愿惹上麻烦，还是把伞速速送回布罗德街10号为好。此人是谁，人尽皆知。"

商人的寻物启事之所以能够奏效，是因为他抓住了偷伞人怕被抓到的心理。要想说服他人，你就必须找到被说服者的心理特点。

练习指南

1. 不要因为性格直爽，就把自己当成"炮筒子"。多想想如何表达才能达到说话目的，才是你真正要做的事。从现在开始，减少说话数量，提高说话质量。

2. 尝试把某句话换成另外两种方式来表达，并评估哪种方式会更好。

3. 参加重要场合或见重要人物之前，把要说的话先列出来，然后再思考如何才能把这些话说得更好，更能让对方接受。

说服他人主要靠智慧

不要以为口若悬河就能说服他人，嘴皮子再好也不如多动一动头脑。

理论指导

在与人沟通的过程中，特别是在指出他人的错误时，直达主题或语言过于直白，往往会引起他人的反感。这种情况下，你要开动脑筋，采取委婉的表达方式，这样既可以让他人认识到自身的错误与过失，又能使其欣然接受你的建议。

战国时期，楚国被秦国攻城略地，江山社稷岌岌可危。但软弱的楚襄王并没有奋起反击，而是一味地隐忍退让。他的这种做法，让关心国家安危的大臣们十分着急，大臣们纷纷进谏，但楚襄王均不予理会。

当时，朝中有一名叫庄辛的大臣，足智多谋。国家日渐衰亡，他看在眼里，急在心上，见众人劝说无效，就亲自去找楚襄王。

一日楚襄王正在花园赏花，见庄辛来，知道又是来劝谏的。楚襄王打定主意，无论庄辛说什么，他都当作耳旁风。所以，等庄辛来到他身旁时，他只瞄了庄辛一眼，没作声。

庄辛明白若是直接劝说，楚襄王是听不进去的，自己肯定会与其他大臣一样无功而返。只有另辟蹊径，才能进谏成功。

这时，恰有一只蜻蜓飞来，庄辛的脑海里马上闪过一个念头，他说："大王，您看见那只蜻蜓了吗？"

楚襄王一听，觉得奇怪，便说："看见了，怎么了？"

庄辛继续说："它活得多舒服呀！吃了飞虫，喝了露水，停在树枝上休息，自以为与世无争，世人不会对它怎样，但它哪里知道，树下正有个小孩，拿着黏竿对着它呢。顷刻之间，它就将坠于地下，被蚂蚁所食。"

楚襄王听了，面露凄然之色。

庄辛又说："您看到那只黄雀了吧？它在树枝上跳跃，吃野果、饮溪水，自以为与世无争，世人不会对它怎样，但它哪里知道，树下正有个孩子，拿着弹弓对准了它。顷刻之间，它就将坠下树来，落在孩子手中。"

楚襄王听了，开始面露惧色。

庄辛又说："这些小东西咱先不说，说说鸿鹄吧！它展大翅，渡江海，过大沼，凌清风，追白云，自以为与世无争，世人不会对它怎样，但它哪里知道，下边正有个射手张弓搭箭，瞄准了它。顷刻之间，它就将坠下地来，成为餐桌上的美味。"

楚襄王听后，身上惊起了一层鸡皮疙瘩。

庄辛又说："禽鸟的事不足论，再说一下蔡灵侯吧。蔡灵侯南游高陂，北游巫山，自以为与世无争，别人不会对他怎样，但他哪里知道，楚国已派兵前去征讨而夺其地了。顷刻之间，蔡灵侯将死无葬身之地。"

楚襄王听了，吓得浑身发抖。

庄辛又说："蔡灵侯的事远了，咱就说眼前吧。大王您左有州侯，右有夏侯，群小包围，日夜游嬉于去梦之泽，自以为与世无争，会得到别人的容忍，哪知秦国的穰侯已得到秦王之令，正率重兵向我国进发呢！"

听了庄辛的陈述，楚襄王的脸色一点点变白，他下定决心反击，重振国威。庄辛的进谏忠心可嘉，楚襄王为此奖赏了他，又因他劝君有方，被加封为阳陵君。自此,楚襄王励精图治,与秦人一争高下。

其实,庄辛要说的话,本质上和其他臣子一样,都是要劝楚襄王振作起来,但别人的话楚襄王听不进去,而庄辛的话却吓得楚襄王浑身发抖。这是为什么呢?因为庄辛在沟通时抓住了两个关键问题:一是把国家的生死和楚襄王的生死利害关系连在了一起;二是用实例来说服楚襄王,让楚襄王听了这些话就联想到那些可怕的画面。

练习指南

1. 劝人时尽量不要直来直去,可选择对方易接受的话题切入,再择机说服。
2. 有时直白的语言只会招人反感和讨厌,采取委婉的战术,运用自己的智慧让他人明白自身的过错,才能出奇制胜,达到说服目的。
3. 少耍贫嘴,要知道话语说得再溜,也不一定能把事情办好。

寻找说服的突破口

核心提示

把所要说服之事和对方的得意之事巧妙地连接起来,让说服变得更自然,成功的机会更大。

理论指导

从对方得意的事情说起，说服成功的概率会更高。

有一所小学，因无钱修缮校舍，校长多次向上级请示，均无实效。不得已之下，校长决定向当地化肥厂厂长求援。校长之所以找化肥厂厂长，是因为这位厂长重视教育，曾捐款 10 万元发起成立了"奖教基金会"。但遗憾的是，听说近几年该厂的经营状况一直不好，校长深感希望渺茫，可一想到全校师生的生命安全，他只好硬着头皮来到化肥厂。

校长："王厂长，久闻大名。前几天在市里开会，我又听到了教育界同仁对您的称赞，实在钦佩！今日外出办事，途经贵厂，特来拜访。"

厂长："过奖！过奖！"

校长："王厂长您真是有远见啊，您发起成立的'奖教基金'不但给本地区的教育事业带来了好处，如今已发展到全国许多地区，真是名扬全国啊！"

这位校长紧紧围绕该厂长颇感得意之处，从思想影响到实际作用等方面予以充分肯定，说得厂长满心欢喜。

突然，校长话锋一转，开始伤心地诉说自己的"无能"和悔恨："作为一校之长，我明知校舍不安全，时刻危及师生的生命，却没有一点解决办法。要是教育界领导都能像王厂长这样重视人才、支援教育，拨款 3 万元释下我心头的重石就好了，可是我已申报了不下五次，仍不见任何回复。"

王厂长听到这里，立即起身拍拍胸脯，慷慨地说："校长，既然如此，您就不必再打报告了，我捐给你们 3 万元。"校长听后，紧紧握住王厂长的手，表示由衷的感谢。

这位校长非常聪明，他在了解对方的情况下，采用赞美他人得意之事的方式成功募捐。实践中，你该从何处去了解对方的得意之事呢？以下方式可供参考。

（1）环顾自己周围，看看亲朋好友之中有无和谈话对象有过交往的人，如果有，可以向他们探听，这是最直接的方法。

（2）留心网络、报纸等媒体新闻，多关注谈话对象的得意之事，以便谈话时应对自如。

练习指南

1. 除本文提示外，你还能想到哪些方法呢？请写出来。
2. 和对方聊其得意之事时，最好自己先起个头，自然地引出话题，这样对方往往会兴致更高。
3. 尽可能增加一些朋友的微信，以便通过朋友圈及时了解朋友们的近况。
4. 收藏并关注朋友的微博、头条号、一点号等自媒体。

寓理于情，攻心为上

核心提示

说服他人的过程就是攻心的过程，攻心成功了，离成功说服也就不远了。

理论指导

说服对方先要做的不是"说"，而是攻心。以情感之，才能真正说服对方。特别是在面对权高者时，更不能直接展开说服攻势，而应采用情理交融的方式。

赵惠文王驾崩，由赵孝成王继位。赵孝成王当时还年幼，就由他的母亲赵太后代为管理政务。秦国趁机大举攻赵，赵太后转而向齐国求援。齐国提出了苛刻的条件——一定要以长安君为人质，否则就不出兵。

长安君是赵孝成王最小的弟弟，赵太后最小的儿子。赵太后果断拒绝了齐国的要求，无论大臣们如何竭力劝谏，她坚决不答应。

左师触龙装作若无其事地去拜见赵太后，并充满歉意地说："我的脚虽然有点毛病，行走困难，但我更担心太后的健康状况，所以前来向您请安……"

几番寒暄之后，赵太后的表情稍稍有所缓和。触龙说："我有个儿子，名叫舒祺，非常不成才，对此我感到很困扰。我的年纪也大了，我希望您能给他个王宫卫士的差事做做，这是我一生的愿望啊！"

"可以，他今年多大了？"

"15岁，或许太年轻了，但我希望能在自己有生之年将他的事情安排好……"

"看来您也很疼爱儿子。"

"是啊，我比他母亲还疼他。"

"不，母亲才是最疼爱儿子的。"

触龙以为儿子谋事做借口，终于引出了赵太后的儿子——长安君的话题。

触龙又说："是吗？我觉得您比较疼爱已嫁到燕国的长安君的姐姐。"

"不，我最疼爱的是长安君。"

触龙说："如果疼爱孩子，那您一定会为他考虑将来的事。在长安君的姐姐出嫁时，您因不忍离别而哭泣，之后又常常因挂念她的安危而掉泪。每当祭拜时，您也会为她祈祷，而且希望她的子孙能继承王位。"

"是啊。"

"那么，请您仔细想一想，迄今为止有哪位封侯者的地位能持续三代而不衰呢？"

"没有。"

"为什么呢？所谓祸害近可及身，远可殃及子孙。王族的子孙并非全是不思进取者，但是他们没有功绩却位居高位，没有功劳却拿着丰厚的俸禄，其最终结果就是误了自己。现在您赐给长安君尊贵的地位、肥沃的土地，却不给他建功立业的机会，万一您将来出了什么意外，长安君的地位还能保得住吗？所以，我认为您并没有考虑到长安君的将来，而您最疼爱的还是长安君的姐姐。"

赵太后被触龙的一番话打动了，她说："好吧，那一切照你的意思去做吧。"

触龙采用引导的方式进行劝说，最终取得了成功。其成功的第一步便是以情动人，感人心者莫先乎情。触龙拜见赵太后时，先关心的是太后的身体状况，从而使赵太后觉得备感亲切。随后触龙提到爱子心切的话题，更是引起了赵太后的同情与共鸣。成功的第二步便是就事论理，说明无功受禄的危害，从而触动了赵太后。

练习指南

1. 说服某人前，应先了解其当时的心境，从攻心开始。

2. 与人沟通时要付出真情，做到以情感人，这样对方也会用真情对待你。

3. 针对重大事件，在说服重要人物前，尽量把要说服的事情上升到某个高度，符合某种道理，做到以理服人。

从对方的话语中找到说服重点

核心提示

要想提高说服力，应先了解对方的思路，抓住其表达的要点，然后瞄准目标，击中"要害"。

理论指导

经他人介绍，保险公司的业务员小张按照约定的时间来到客户白先生家。

小张一进门，就开门见山地说明了来意："白先生，我这次是特地来请您和您太太及孩子投保的。"

没想到，他被白先生一句话顶了回来："买保险？谁都知道买保险没什么用。"

小张并没有生气，他微笑着问："哦，这我还是第一次听说，您能向我说说您的想法吗？"

白先生说："如果我爱人投保 5000 元，这笔钱现在可以买一台很棒的电视机，而 30 年后再领回 5000 元的话，恐怕连台迷你音响都买不了。"

小张好奇地问："这又是为什么呢？"

白先生回答："一旦通货膨胀，物价上涨，就会造成货币贬值。"

小张又问："依您之见，30 年后一定会发生通货膨胀吗？"

白先生迟疑了一会儿说："我不敢断定，但据最近两年的情形来看，很有这种可能。"

小张再问："还有其他原因吗？"

白先生支支吾吾地说："比如受国际市场环境的影响，说不定……"

接着小张又问："还有没有别的原因？"

白先生最终无言以对。通过这番问话，小张大致了解了白先生内心的顾虑。

小张说："您的见解有一定的道理。假如物价急剧上涨，30 年后，不要说迷你音响了，5000 元恐怕连最便宜的手机都买不到了。"

白先生听到这里，心里感到非常受用。接着小张给白先生解释了近几年国家政策的变化及影响当前物价的各种因素，简单分析了一下发生通货膨胀的概率，并指出以白先生的经济实力，拿出一部分收入给自己及妻儿投保，实际上是一种稳妥的投资方式。

最后小张又补充一句："即使物价稍有上涨，有保险总比没有保险好，有保险还能有一份保障，况且我们公司早已考虑了这些因素，客户的保险金是有利息的。当然，我这么年轻在您面前讲这些话，实在是班门弄斧，还望您多指教……"

话说到此，白先生爽快地买了保险。

小张从客户的角度考虑问题，使其所讲的"大道理"吻合了白先生的"小利益"，从而打消了他的顾虑。

如果不考虑对方，只单方面谈论自己的事，不但无法打动对方，还会使彼此更加疏远。因为从感性与理性两方面来说，强迫性的做法会使对方在感性上产生不悦；而脱离要点会使对方在理性上无法接受。

大部分人都希望充当说服者的角色，而不喜欢被人说服，更有甚者认为被别人说服是弱者的表现。所以，要想成功说服他人，你要努力使对方保持冷静，给他人发表意见的机会，这样既可以缓和对方的紧张情绪，又可以使对方对你产生亲切感，更重要的是，通过倾听，你能从对方的话语中找到说服的重点。

练习指南

1. 表明意思后，最好先听听对方的想法。在不清楚对方的想法之前，不要贸然说服。

2. 了解对方的想法后，按照对方的思路走，千万不要逆着来，即便对方错了也要先顺着说，然后择机转变话题，让对方自觉意识到自己的错误。

3. 在没有赢得对方的好感前，切忌强行说服，等对方对你产生了亲切感后，再开展说服工作。

给说服对象贴上合适的"标志"

核心提示

给对方贴上合适的"标志"，设法让其扮演一个高尚的角色。

■ 理论指导

　　每个人都希望得到他人的认可，如果你能满足对方的这种心理需求，那么说服他人的概率会大大提高。

　　例如，当你对一个小孩说："你很聪明，又肯用功，成绩一定会越来越好。"这个小孩会因受到鼓励而努力学习。相反，如果你对他说："你成绩怎么这么差，什么事都做不好，真没用！"这个小孩听后可能会因受到打击而表现得越来越差。这种心理趋势，被心理学家称为"标志效应"或"角色形象效应"。

　　很多人都容易受到"标志效应"的影响。好的"标志"可以激发一个人的潜力，而坏的"标志"会使一个人步入歧途。"标志效应"也适用于初次见面的场合，如果你希望对方是个有决断力的人，那么不管他是不是这种人，你都可以给他冠上"你是个做事很有决断力的人"的称号。当对方的自尊心得到满足后，便愿意按照你为他贴上的"标志"去行动，也就是说，他会受到这个标志的约束。

　　人人都希望自己受人尊敬，给对方贴上高尚的"标志"，把形象的标尺定高一点，可以促使别人扮演高尚的角色。

　　一位女士带着孩子上了一辆公交车，车里人很多，没有空座位了。孩子的妈妈看见有一个小伙子正在睡觉，他占了两个人的位子。孩子哭闹着想坐，并指着小伙子要他让座，但小伙子装作没听见。这时，孩子的妈妈说话了："这位叔叔太累了，等他睡醒了，他就会把座位让给你的。"几秒后，小伙子站起来客气地让了座。

　　显然，这个小伙子开始并不"高尚"，但他后来为什么转变了呢？就是因为孩子的妈妈给他设计了一个"高尚"的角色：他是个善良的人，只是由于过度劳累而没有及时让座。趋善心理促使小伙子无法拒绝扮演这个善良的角色，确切地说，他是乐意扮演的。

练习指南

1. 与人沟通时，你要尊重对方，并让对方感受到你的尊重，为继续交流奠定基础。

2. 根据说服内容，结合对方的性格，给对方贴上一个高尚的"标志"，并引导对方接受这种角色设定。

3. 设计"标志"时，不可太过，以防被对方一眼看穿，引起对方的逆反心理。

根据说服主题选择表达方式

核心提示

用不同的表达方式带给对方不同的心理体验，让说服更有效。

理论指导

"我都说过一百遍了，他就是不听！"

"我都告诉你一千遍了，你怎么还是不改？"

"我嘴皮子都磨出茧子了，可就是没用！"

在日常生活或工作中，我们常常会听到诸如以上的怨言。在劝说或教育他人时，如果你所说的话起不了作用，即使把它简单地重复一千遍、一万遍，也不会有显著效果。这个时候，你应当换一种更好的表达方式。也就是说，一样的内容，可以有多种表现形式；意思大致相同的话，也可以有不同的说法。

需要提醒的是，你在换一种说法前，应增添新材料，添加新理由。全新的说话方式会给对方全新的心理体验，让你的说服更有效。

当然，多种多样的表达方式并不仅仅局限在"说"上，你还可以配合其他方式。例如，现场表演，亲自"做"给对方看，这能起到很好的效果。

有一位大学校长因为学生不爱护校园环境而深感苦恼，他用过了各种方法，可就是不见效。

经过一番思考，校长决定用实际行动教育学生。他把全校学生集合在一起，神情严肃地登上讲台作报告。校长说完开场白后，从口袋里掏出笔记本写了几句话，写完后把笔记本扔在地上；接着他又掏出香蕉，吃完香蕉后就把皮随手扔掉；然后开始吃糖果、花生，糖果皮与花生壳也都被丢在了地上。更过分的是，校长在嚼完口香糖后，竟然直接把口香糖吐在了讲台上……

学生们看得目瞪口呆。这时，校长又发话了："同学们，我刚才的行为想必你们都已经看清楚了，大家应该很讨厌这些行为。那从现在开始，请让我们共同维护校园的整洁吧！我的话讲完了。"

校长用实际行动教育学生的做法，较之以前苦口婆心地劝告或下命令，无疑更具有说服力。这种表达方式比单纯的语言表达更能给人留下深刻的印象，从而促使学生自发地去改变。

练习指南

1. 同样的劝说话语，最好别说三遍以上，否则很容易引起对方的逆反心理。

2. 多尝试不同的话语表达方式。无效的方式应及时放弃，有效的方式则不断深入下去，直到彻底说服对方。

3. 用不同的行动表达你的说服主题。劝说无用后，可以用行动来表达，如一种行动无效，可采用其他行动。

4. 请不同的人去说服。当然，邀请的人最好是被说服者所尊敬的人，这样说服效果会更好。

迂回说服顽固的人

核心提示

在说服顽固的人时，切忌采用强硬的方式，而应循循善诱。

理论指导

沟通中，人们最担心遇到那些顽固的人，这类人通常很难沟通。他们从不轻易改变固有的观念，若有人与其意见相左，并打算劝说，他们甚至会把劝说者当成敌人。要想说服这样的人，关键是不能灰心，被拒后可以换个角度想问题，用执着与真诚打动对方。

通常情况下，我们对人进行说服和劝导时，应当严肃认真地从正面说理。然而，若是从人的心理角度考虑，很多固执己见的人都不易接受正面的直言劝告；若与之争辩，更易弄得脸红脖子粗，令人尴尬。这时就不妨采用迂回进攻的劝说方法。

有一家公司的待遇较差，员工们苦不堪言。而公司领导不肯改善员工待遇的原因在于，他认为职员们不仅才疏学浅，而且对公司也不够忠诚，许多人工作不努力，甚至有人在做兼职。如果有人拿其他同性质的公司作比较，该领导会说："人家公司的职员都是科班出身，可我的下属是一伙杂牌军。"

这家公司的一位高级职员，发现公司近来迟到人数增多，就对领导说："咱们公司的初级职员简直没法到公司上班了！"

领导问道："何出此言？"

高级职员回答："您说他们打出租车吧，嫌车费太贵；坐公交车则苦于挤不上去；若坐地铁，每月的费用也是一种负担，让他们怎么解决呢？"

说到这里，高级职员叹了口气。但领导却说："以步代车，不花一分钱，并且还能锻炼身体，何乐而不为？"

"那怎么行，"高级职员摇头说，"鞋袜磨损太费，破了他们又买不起新的。领导不如出一个告示，推广赤足运动，号召大伙赤脚走路上班，那难题就解决了。谁让他们命苦，找不到赚钱的门路，却来这里打工呢！"这人一边说一边唉声叹气，弄得公司领导很不好意思，只好同意提高职员们的待遇。

在这个案例中，那位高级职员用假装责备下属的语气，表达了他们的苦衷，以反面的方式来表达正面意思——公司待遇太低。虽然在语气上显得委屈，但实质上却是批评。因为这种表达方式比较委婉，不伤及对方面子，对方自然就容易听进去，从而接受劝告。

由此可见，即便顽固的人也并非不能说服，关键在于劝说者是否具有足够的耐心以及高明的策略。所以，当我们试图说服一个"顽固派"时，一定要仔细揣摩对方的心理，找到其弱点，并采用有针对性的说服策略，这样才能提高说服成功的概率。

练习指南

1. 与人沟通的过程中，特别是在明知道对方一定会反对的情况下，如果过早地暴露自己的意图，那么可能会遭到对方的抵制与反对。要想达到说服他人的目的，循循善诱是一种很好的方法。在以后的沟通中，请善用此法。

2. 在说服对方的过程中，还要时刻观察对方的言行，揣摩对方的心理，及时调整说服策略。

3. 说服之前，设法了解顽固者的喜好，或其最近有什么得意之事，以寻找更好的说服突破口。

第 4 章

赞美口才

通过第三方赞美他人

核心提示

通过第三方赞美他人，更能令对方感到愉悦。

理论指导

经常对第三方说一个人的好话，是让自己与那个人保持融洽关系的有效方法。如果有一个人对你说："某某朋友经常跟我提起您，说您很值得尊敬！"那么你自然会觉得很感动。因此，要想令对方感到愉悦，可以采取这种通过第三方赞美他人的策略。

在一些交际场合，有些人经常会面对面夸奖某人："你好棒啊！你的作品真了不起！"可往往效果并不理想，因为大多数人都会这么说。如果赞美的言辞从第三方口中说出，效果则截然不同。

赞美之词如果当面说出来，你或许会想：他这么说是出于真心吗？是不是有什么目的？间接听来的赞美，或许会消除这种疑心，令人感到真诚。

例如，你很佩服某同事的工作表现，便可以在与另外一位同事聊天时说："某某的确工作能力很强！"这种评价若传到那个人的耳中，"谁谁对你的工作能力赞不绝口！"可能比从你口中直接说出更能令其高兴。

虽然当面得到夸奖也很令人愉快，但往往会被看成社交辞令，被赞美者会认为那些只是应酬话。

通过第三方赞美他人，常被认为是发自内心、没有私人意图的。这种赞美他人的方式，不但能起到激励作用，而且被赞美者在听到他人转述的好话后，在获得满足感的同时，也增强了对说好话者的信任。

练习指南

1. 在生活与工作中，至少挑选出三位想长期交往的朋友，并尝试面对面对他们进行恰当的称赞。

2. 如果某人对你很不友好，而你又想与他搞好关系，那么请尝试在该人也认识的第三方面前赞美他。

3. 注意当面夸人别肉麻，背后赞人要中肯。

赞美应真实而得体

核心提示

赞美他人时，应以事实为基础，不可乱夸。

理论指导

赞美的灵魂就是真实。赞誉之词应该得体，并且恰到好处，赞就要赞到点子上，效果才会好。夸赞过头，难免有吹捧之嫌；夸赞得不够，没有赞扬到位，会很乏味，无异于隔靴搔痒，徒费力气。

赞美能触及别人的荣誉感，而荣誉感可令人产生满足感，这便是大家都喜欢被赞美的原因。但是，赞美若言过其实，会让人感觉被愚弄。因此，宁可不去赞美，也不要过分夸大。

赞美的最高境界应是朴素且真实的，而非过分夸张以及矫揉造作。那么，怎样才能做到这一点呢？

1. 赞美他人一定要真诚

真诚是人际交往中最重要的准则。言为心声，一个人说的话能反映出他的心中所想。因此，轻率的赞美，很容易被人识破，自然会让人心生不快，不愿意接受这种赞美。

英国社会关系学家卡斯利博士曾说过：大部分人选择朋友，都是看对方是否具有诚意。

如果与他人交往时缺乏真诚，那么对他人的赞美也不会发自内心，这样就无法和他人建立良好的人际关系。并非出自真心的赞美，被赞美者是不愿接受的，甚至会怀疑对方的动机。人们常说"无功不受禄"，没有建立功劳，就不可无故接受俸禄。而对别人无缘无故的赞美，又有谁会轻易接受呢？这种赞美有可能只是应酬，并非真心实意。

2. 赞美他人要实事求是，不能言过其实

赞美他人，实质就是能够发现他人的美，然后用语言表达出来。因此，对他人的赞美，略作夸张是可以的，以说明自己对他人的好感。但不能过于夸张，否则会让人反感。

例如，我们不能随便见到一位女士就赞美她漂亮。如果我们夸奖一位面貌姣好的女士"你今天很漂亮"，她会很高兴；但若对一位面部有疾患的女士，或者确实称不上漂亮的女士也这样说，则很可能引起对方的反感，其会觉得这是对自己的有意嘲讽。这种情况下，不如赞美她苗条、健美、开朗，或者可以说她聪明有才智、幽默，也可以赞美她做家务很拿手、很会教育孩子等。人各有所长，当自己的长处被认可时，自然会感到心情愉悦。

练习指南

1. 赞美一定要真诚，符合事实，不可过分夸大。赞美若过了头，就成了恭维、奉承，这样只会招人厌烦。

2. 赞美要因人而异，对亲人、长者、领导、老师、同事、下属、好友的赞美都要适当得体。

3. 总结一些赞美他人必须要遵循的原则，并运用到实践中。

用平凡的小事去赞美他人

核心提示

学会用平凡小事恰当地赞美他人，以给他人带来惊喜。

理论指导

用很容易被忽略的小事来赞美他人，是一种聪明的做法。其实，很多人之所以会在细节上花费大量的心思和精力，一方面表现出其对某一部分特别重视或偏爱，另一方面也表示其渴望这一部分的付出能得到他人的关注和肯定。所以，我们在交际中应善于发现细微处的"美丽"，并且不失时机地赞美对方，这不仅能让对方获得巨大的心理满足，而且有助于加深彼此的感情。

在我们的身边，毕竟多是普通人，他们大多平平淡淡地度过一生，绝少做出轰轰烈烈之事。对此，我们应善于在小事上称赞他人，而非一味地挖掘对方的轰动之举。

有一次，某位作家被介绍给一位夫人认识，由于一时找不到合适的话题，作家就顺口说了一句："您佩戴的这个挂坠很少见，挺特别的。"其实，他根本不懂女人的饰物，这句话是他无意中说的，目的是想缓解当时的尴尬。

但他并不知道，这个挂坠真的非常特别，只有在巴黎某个地方才能买到，是那位夫人的心爱之物。作家的话令夫人回忆起关于挂坠的种种往事，随后两人很自然地谈了起来。

赞美他人时若能从小处着手，不仅能给对方带来惊喜，而且能增强其责任心。

有一位服装店的员工注意到新上架的一件衣服的做工有些问题，就连忙把它放到顾客看不见的角落里。于是，值班经理夸她懂得为公司着想，能够维护公司的荣誉，还决定给她物质奖励。这位员工顿感受宠若惊，便到处称赞经理心明眼亮，员工的一点小成绩她都记在心上，在这样的环境下工作让其觉得很有价值感。

这位员工不仅从经理的称赞中获得了快乐，而且还对经理充满了感激，让她感受到自己处在这样一个温暖的集体中，会有更高的工作热情以及更强的责任心。

注意，并非所有的小事都值得赞美，从小事上赞美他人应该把握一定的技巧，不然会被认为是大惊小怪。

练习指南

1. 要想学会从小事上赞美他人，应善于发现小事的重大意义。仅仅就小事来说，它的意义不可能高大深刻，但若能用联系的观点来认识问题，你就会发现一件小事常常能引发重大的事情。

2. 要想用小事赞美他人，你需要对生活中的细节留心观察，细心思考。小事经常会被人们忽视，你如果想从小事方面赞美他人，就要先做一位有心人，善于发现可供赞美的点，发掘小事背后潜藏的重大意义。

3. 让更多的人知道。有时，发生于两人之间的一件小事，在特定情况下，或许在当时看来不足挂齿，但事后再次想起，常会感到那时的事让你受益匪浅。

赞美他人要有远见

核心提示

赞美他人要有远见，缺乏前瞻性的赞美极有可能使赞美者陷入被动。

理论指导

赞美他人时，除了要符合当前的现实情况，最好能高瞻远瞩，具有一定的前瞻性与预见性，以提升自己的赞美高度。

在一件事情还没有最终完成之前，一定要慎用赞美。要知道，问题常常会出现在最后关头。

秦始皇数次打败楚军后，一心想侵占楚国。他先是征询李信的意见："我想占领楚国，将军认为需要派多少人马合适呢？"李信颇为自信地说："最多不过20万人。"秦始皇又问王翦，王翦说："非要60万人不可。"秦始皇听后，很不高兴，对王翦说："王将军是老了吧，何以如此怯弱？李将军果敢英勇，他说的才对呀。"秦始皇没有对敌我力量此消彼长的复杂形势做出准确的预测，轻信李信的估计，认为可以用最少的兵力占领楚国，盲目地赞美李信，远没有王翦的深谋远虑。结果，王翦见秦始皇赞赏李信而否定自己，就称病回老家频阳了。李信进攻楚国时，被楚军打得大败而归。秦始皇恼羞成怒，悔不当初，他亲自去王翦老家频阳向其致歉："我没有采纳将军的建议，李信果然让我军大败。"后来，秦始皇派王翦率60万大军，用了一年时间就攻占了楚国。

在这里，秦始皇犯了一个很多人常犯的错误，在事情还没有做成之前，就盲目地赞美他人，缺乏远见，以致判断失误。

很多人都爱树典型，却很少经过深入的分析、调查与审核，不讲求典型的可信性，导致典型刚树立不久就身陷泥潭。在日常生活中，类似的"话音未落"式的尴尬状况常常发生，刚刚夸对方两句，对方却偏偏"不争气"。因此，你的赞美要有远见，这样才不会陷入尴尬的境地。

练习指南

1. 赞美他人要有远见，不要为了一时的利益考量而去赞美那些并不值得赞美的人和事。
2. 要实事求是，只赞美他人该赞美之处。
3. 不熟悉的人，尽量不要大加赞美。

间接赞美男人，直接赞美女人

核心提示

根据男人和女人的思维差异，进行有针对性的赞美。

理论指导

赞美是男女双方表达感情的一种好方式。如果一个男人对某个女人有好感，他可以通过赞美让对方了解其心意。只是有时候，男人会以自己习惯的方式赞美对方，而不用女人习惯的方式去赞美。同样，许多女人也不清楚该怎样赞美男人。

通常，男人希望得到感谢，女人希望得到爱慕；赞美男人要间接，赞美女人要直接。

间接赞美（适合赞美男人）："我觉得今晚过得很愉快。"

直接赞美（适合赞美女人）："你真是个善良的女孩。"

当男人的某项决定或行动得到女方的感谢时，相当于给了他高度的赞美。例如，当约会结束后，女方表示今天的晚餐很美味、电影很好看时，男方会觉得很开心，很有成就感。再例如，当一个女人赞美男友的车子、音响或他最喜欢的足球队时，其实就是在赞美他本人。但是，女人不一样，其更喜欢被直接赞美，因为这表示对方很在意她、关心她。

直接的赞美通常能使女人感到高兴，感到自己被珍惜与尊重，从而拉近双方的距离，做出更多的回应。其实，最简单的方式就是以正面的形容词直接赞美对方的行为或优点。

总之，男人和女人的思维方式存在一定的差异，这需要你在与异性相处的过程中抓住对方的思维特征，进行有针对性的赞美。

练习指南

1. 间接赞美男性时，需要结合对方的性格特点。如果男性是个率直的人，那就要相对直爽些，不可绕太多弯子。
2. 直接赞美女性时，最好根据眼见之物及时赞美，如"你穿这件衣服真漂亮"。
3. 不管是赞美男性还是女性，都要因人而异，具体问题具体分析，只有有针对性地进行赞美，才能获得好效果。

给赞美加上一些"新意"

核心提示

学会寻找和发现对方与众不同的地方，你的赞美也会与众不同。

理论指导

创新赞美很重要，如果你在赞美他人时能加上一些"新意"，让赞美与众不同，那么效果会更佳。

　　某位摄影师为一位女演员拍照，女演员对着镜头有些紧张。摄影师在拍照前对她说："小姐，你的耳朵真漂亮，我从来没见过这么漂亮的耳朵。"女演员平常被人夸的地方太多了，已经习惯了。但此时她居然听到有人称赞她的耳朵，以前连她自己都没有注意过。她赶紧摸了摸自己的耳朵，当她自然地把手放下时，摄影师已经按下了照相机的快门。

　　这位摄影师有一双慧眼，他抓住了别人没有注意到的细节，绕开人们关注的焦点，取得了"巧言至诚心"的绝佳效果。

　　通常情况下，当一个人处在千篇一律的赞美中，往往不会很在意。这时，如果你能找到别人都忽视了的优点来赞美对方，那么很有可能会引起对方的注意。有位科学家曾表示，别人赞美他思维能力强，有创新精神，他一点都不激动，作为一名科学家，这类话他早就听腻了。但如果谁赞美他小提琴拉得真棒，他一定会心花怒放。

　　学会寻找和发现对方与众不同的地方，你的赞美也会与众不同。经常恰到好处且实事求是地赞美他人，更容易获得他人的好感。

练习指南

1. 赞美他人之前先打个腹稿，争取有新意。

2. 根据对方所处的特定环境，或根据对方的特定状态来赞美。因为，既然是"特定的"环境或状态，通常也就不会发生众口一词的情况。

3. 要想让赞美与众不同，需要综合各方面的因素找出恰当的"新"意，否则可能会适得其反。

把握好赞美的时机

核心提示

把握好赞美的时机，把赞美之词及时说出口。

理论指导

　　赞美他人要善于把握时机，要把赞美的话及时说出口。拖延只会造成遗憾。一旦看到对方有值得赞美之处，就应立刻赞美，不要拖拖拉拉，也不必积攒起来另找时机赞美。

　　很多人都比较腼腆，有什么话总是羞于说出口，或者担心别人认为自己贫嘴，甚至看到别人有值得赞美之处时，也不好意思去直接赞美，总是过后才说："那天你看起来真漂亮！"可惜人家已经不记得是哪一天了。

　　——沈经理的下属工作很出色，他作为领导很满意，就想大加赞扬下属一番。但又担心下属听了之后过于得意，也怕自己日后失去威严。于是，沈经理最终也没有表扬下属。

　　——小吴的上司处理问题很果断，并且作风正派，经常身先士卒。小吴很欣赏这位经理，就想利用工作餐时间把大家对他的好评，包括自己对他的钦佩都告诉他。然而，小吴担心经理会认为自己有所企图，又怕被同事视为拍领导马屁，于是他想了很久，话到嘴边又咽下了。

　　——有位先生在楼门口遇上了邻居全家，他们老少三辈都出动了，要去聚餐。看到那其乐融融的情形，他很想对这家人说几句祝福的话，但是他又想起平时两家素无来往，人家也许并不在意他的友好表示，于是他只是礼节性地点头示意，并没有多说一句话。

——杨女士去商场购物，碰到一位售货员，她的服务态度特别好。买完东西后，售货员把杨女士购买的商品装进漂亮的纸袋，递到她手中。杨女士很想说一声"谢谢"，并给她一些鼓励。但杨女士最终还是没说，她心想："她服务态度这么好，一定会有别人表扬她的。"

——吕岩去参加一场研讨会，遇到了他长期的竞争对手张启，他们的观点向来是针尖对麦芒。但是，这次张启的发言引起了吕岩的注意，张启那认真探索的精神、自成体系的推演以及流畅简洁的语言，着实令吕岩佩服。中途休息时，吕岩很想对张启说："尽管我还是不同意你的观点，可是我很敬佩你的表现。"但当吕岩走到张启面前时，却又改了主意，他担心这样的话语会招来误会，并且这话也不新鲜，于是他还是说了一些毫不相让的话，一如既往。

这些都是多么可惜的事例啊！它们又那么真实地发生在我们的周围。实际上，赞美他人要及时，就如同久旱时花草树木渴求雨露的滋润。地球在转，世界每天都在变化，一些事情，只要时过境迁，就失去了原来的意义。

我们有时候急需他人的赞美，而这些赞美一旦滞后，就让人没感觉了。因此，当对方有好的表现时，我们就应该及时说出："你太棒了！"此时不必担心对方会有疑心，因为此情此景之下，你脱口而出的话是最真实，也是最感人的。

练习指南

1. 要及时发现他人的优点和长处。只有及时发现他人的优点，才能够及时赞美他人。

2. 发生在特定情境下的事要及时了结，不要总是想"以后再说"。

3. 当你感动于某人某事时，应当赶快说出口。只要是发自内心、充满善意的，就不妨大方地说出你的赞美。

第 5 章

谈判口才

商业谈判讲究巧妙迂回

核心提示

在商业谈判中，想说服对方并不容易，往往越是重要的谈判，说服的难度就越大。这就需要你使用迂回沟通战术，委婉地向对方表达自己的想法。

理论指导

大家都知道，在商业谈判的过程中，语言是至关重要的，它是说服对方以达到商业目的的工具，是为更好地说服对手而服务的。

双方谈判时，有些事、有些要求直说会比较为难，有些问题回答不出来或回答错了会让自己难堪，而采用迂回委婉的说话方式，则可以有效化解这些难题。

使用迂回战术进行沟通，还可以缓和双方的关系。每个人都有受尊重的需要，能否维护对方的自尊心，常常是影响谈判成败和合作关系的直接因素。尤其是在拒绝对方要求，阐明与对方不一致的观点或批评对方时，说法不当则容易引起对方的敌意或不悦。这时，委婉含蓄地表达，既能说出问题，又能使对方乐于接受。

出色的谈判者都善于顾全双方的颜面，使谈判得以在融洽的气氛中顺利进行，况且商业谈判不仅仅是为了追求经济利益，建立良好的人际关系也是目标之一。

如果你没有听懂对方的话，可以说"我没听明白，请您再说一遍"，这比说"你没说清楚，请再说一遍"要好；如果你对对方感到不满，可以说"我对此感到很失望"，这比说"我对你感到很失望"要好；如果你不打算接受对方的苛刻要求，可以说"对你们的这一要求，我们打算商量一下再与你们联系"，这比说"对于你们的这一无理要求，我们是不能接受的"要好。

在商业谈判中，学会使用含蓄委婉的说话方式，不但不会伤害对方，还能为自己留有退路，对方也不会因此而迁怒于你，反而会更加尊重你，并理解你的做法。

练习指南

1. 在谈判中，不要说伤害对方的话。若犯此错，就用严厉的方式惩罚自己，比如罚跑一万米。

2. 事先把对方可能拒绝的理由列出来，并想好应对之策，以防临场失言。

3. 针对自己可能会拒绝对方的事情，提前打好腹稿（应以委婉的方式表达出来），以备适时使用。

牢牢掌握谈判的主动权

核心提示

不轻易让步，牢牢掌握谈判的主动权。

理论指导

在谈判中，失去主动权的一方大多处于不利地位，因此你必须运用一些合理的方法和智慧掌握谈判的主动权。你可以参考以下六种策略。

1. 针锋相对

针对谈判对手的论点和论据，逐一予以驳斥，进而坚持自己的立场。

2. 抓住对方的弱点

任何人都有弱点，特别是一些能对谈判造成重大影响的弱点，抓住对方的弱点就有望掌握谈判的主动权，获得更多的利益。所以，在谈判中，你要努力搜集对方的信息，从中找点儿对方的弱点。而在所有的弱点中，对方的真正需求也许就是最大的弱点。

3. 最后通牒

最后通牒是指在谈判进行到一定阶段（多为中后期），遇到僵局时，为打破僵局，又为避免对方的纠缠，一方会提出某个新条件或某个新期限作为决定合约成败的最终条件，并逼对手做出最终答复或选择。

4. 把话说绝

在谈判中，对己方的立场或对对手的方案，以绝对性的语言表示肯定或否定。需要注意的是，此法不到万不得已，切不可使用。

5. 深思熟虑

在谈判中，尽可能地利用时间的空当，对对手提出的问题进行细致的琢磨，以争取主动权。

练习指南

1. 在使用"最后通牒"和"把话说绝"策略时，应科学评估可能带来的后果，并做好替代方案。

2. 做好谈判前的信息收集工作，尽可能摸清谈判方的底线，做到知己知彼。

不怕拒绝，随时准备说"不"

核心提示

掌握说"不"的诀窍，谈判中会有更大的收获。

理论指导

多年前，哈维·麦凯曾是一位很棒的橄榄球运动员的免费经纪人。这位橄榄球运动员叫安得，当时有两支队伍在争取他——加拿大橄榄球联盟的多伦多冒险者队以及美国橄榄球联盟的巴尔的摩小马队。安得生于一个贫穷的家庭，兄弟姐妹共九人。情况很明显，麦凯先生一定要为他争取到最好的待遇，而且要在两大老板间做好选择——一位是多伦多队的巴赛特，另一位是巴尔的摩小马队的罗森布伦。巴赛特是多伦多一家报社的老板，事业正如日中天；罗森布伦从事服装业和体育产品业，也赚了不少钱。这两者有三个共同点：极有钱、极好胜、极聪明。当然，麦凯也非泛泛之辈。

麦凯告诉罗森布伦他要先跟多伦多冒险者队谈一谈。到达多伦多后，巴赛特果然出了个很吸引人的价码。但是，麦凯凭直觉告诉自己：快走，快离开此地，到巴尔的摩去。麦凯说："非常感谢您，巴赛特先生。您开价这么高，我们一定会谨慎考虑。我们会再跟您联系的。"

巴赛特则冷笑了一下，说："不过，我要补充一点，我开的价码只有在这个房间里谈妥才算数，一旦你离开这个房间，我就立刻打电话给巴尔的摩的罗森布伦先生，告诉他我对这个球员已经没有兴趣了。"麦凯考虑了一两分钟后，问道："我可不可以和安得在隔壁房间商量一下？"

麦凯想到房间中央的那张桌子下面可能装有窃听器，于是就把安得拉到窗户旁低声跟他说："安得，我们一定要争取一点时间，马上赶到巴尔的摩去，所以你得装作承受不了压力，或者我告诉他，我必须赶回明尼阿波利斯去交涉一些劳工问题。"

安得看着麦凯，心想：那么大一笔钱啊！他不愿意拿自己的前途开玩笑。最后，麦凯还是决定以处理劳工问题为借口离开。

麦凯说："巴赛特先生，今晚我一定得赶回明尼阿波利斯去协调一些劳工问题。关于合约的事，还有很多需要谨慎考虑的地方，我想明天再给您答复。"

这时巴赛特拿起电话打给自己的秘书："我们那三架小型喷气飞机在不在？派一架送麦凯和安得先生回明尼阿波利斯。"小型喷气飞机！此时站在麦凯身后的安得的呼吸已越来越急促。不过，既然已经厚着脸皮撒了这个谎，又当场被逮住，没办法，麦凯只剩一条路可走了。

麦凯说："巴赛特先生，我想您也别麻烦打电话到巴尔的摩去了，这桩生意我们不做了。"

安得当时差点气晕过去。不过，他们第二天到了巴尔的摩，和罗森布伦签约了，条件比巴赛特那边还要好。就这样安得为巴尔的摩整整效力10年，而且两次打进"超级碗"比赛。后来，当罗森布伦把加盟职业队的权利卖给洛杉矶公牛队时，他只带了一位球员到加州，那位球员就是安得。

在上述这场谈判中，麦凯先生掌握了两个很重要的诀窍：第一是随时准备说："不！"第二是要掌握情报。巴赛特之所以希望安得在离开他办公室之前签约，只有一个原因：他知道罗森布伦提供的条件比他要好。而一个聪明的商人单凭直觉就知道绝不能在那种情况下签约。

练习指南

1. 在谈判中不要害怕对方的拒绝，因为拒绝是谈判的开始。

2. 在谈判中主动让步或妥协是最容易的事，但它只会让你的收益减少。而在拒绝中逐渐妥协或让步，才会让你获得更多利益。

3. 你要把某个盈利点当成谈判"底线"，并明确告知对方，一旦对方触及你的谈判"底线"，你就会马上离开谈判桌。

4. 当对方拒绝你时，不管言语多么无礼，你都要表现得大度，以便争取可能的合作机会；而你在拒绝对方时，一定要就事论事，尽量不要把话说绝，应给对方留有余地。

善用"客套"与"敦促"打动对方

核心提示

用好"客套"与"敦促"，积极促成交易。

理论指导

在商务谈判中，通常情况是洽谈双方初见面时互相称赞，待到进入实质谈判阶段就收敛笑容，并咄咄逼人地讨价还价，彼此不再信任，甚至互相抨击。

很多商务人士在洽谈生意的过程中，发现"客套"与"敦促"都是促成交易的好办法。

某公司与一家工厂签订购货合同，定于一个月内交货。可两星期后，该工厂见物价暴涨，就想撕毁合同，将货物高价转卖。于是，公司马上派代表前往谈判，力争让对方履行合同。

该工厂早就准备好舌战一场，然而，公司代表的一席话使对方改变了想法。公司代表说："这次和贵厂打交道，我们都感到你们做生意确实非常聪明，特别是领导经营有方，令人钦佩，值得我们学习。这次我公司向贵厂订购的货物，是同另一家大公司合作经营的。若我们不能按期交货给那家公司，就可能引起纠纷，也许到时要请贵厂出面解释一番。我们的困难，想必你们是可以理解的。另外，我们是老主顾了，此次虽产生了些矛盾，但将来还是要打交道的。若贵厂无意间让我公司蒙受损失，不仅中断了我们的业务往来，而且会使想同贵厂合作的其他方产生顾虑。再者，目前贵厂客户众多，生意兴旺，倘若他们知道贵厂单方面撕毁这项合同，就会觉得你们不守信用、不可信赖、难以合作，很有可能减少或中断业务，那样，贵厂就得不偿失了……"

这个案例启发了我们：许多传统的经验和方法经过更新，与公关理论知识相结合，就会产生良好的效果，我们应借此提升说服能力。

练习指南

1. 与人"客套"时，也要尽量真诚。
2. "敦促"他人要有依据，比如合同，或口头约定。
3. 使用"敦促"谈判技巧时，要明确给出己方期待的目标，比如具体交货数量、准确的签约日期等。

抛出问题，探知对方想法

核心提示

在没有弄清对方的真实想法前，绝不能亮出自己的底牌。

理论指导

在商业谈判中，谁知道了对方的底牌，谁就能赢得谈判的主动权。因此，在谈判初期，双方都会围绕底价、时限等内容施展各自的探测技巧，抛出问题。如果你还不知道该怎样抛出问题，不妨看看以下几点提示，这些提示有助于你在谈判过程中摸清对方的真实想法。

1. 火力侦察

在谈判过程中，我们可以先主动抛出一些具有针对性的话题，刺激对方表态，然后根据对方的反应，判断其虚实；或者向对方提出苛刻的条件，以探查对方的真实想法。例如，甲买乙卖，甲向乙询问几种不同产品的价格情况。乙一时搞不清楚对方的真实意图，甲这样问既像是打听行情，又像是在谈交易条件；既像是大买主，又未表现出明显的成交意向。面对甲的问题，乙心里很矛盾，如果据实回答，万一对方是来摸底的，那岂不被动？但若敷衍应付，又怕错过一笔大买卖。情急之下，乙想：我何不探探对方的虚实呢？于是，他急中生智，说："现在货源紧俏，我这里的货都是货真价实的，就怕您只想买便宜的。"我们都知道，在商界中很多人都有"一分钱一分货""便宜无好货"的想法。乙的回答暗含着对甲的"挑衅"，而只要甲一接话，乙就会很容易得知甲的实力状况。如果甲在乎产品的质量，就不怕出高价，回答时的口气也会很大；如果甲在乎货源的紧俏，急于成交，口气就会显得很迫切。在此基础上，乙就能制定出谈判方案和策略了。

2. 巧妙探询

在主客场谈判中，东道主往往会利用自己的主场优势运用探询技巧。东道主为了探得对方的交易时限，会极力表现出自己的热情好客。例如，周到地安排对方的行程，盛情邀请客人参观本地的山水风光，领略风土人情。在客人感到十分惬意时，东道主再提出帮忙订购返程机票或车船票，这时客人往往会随口将自己的交易时限和返程日期告诉东道主。

3. 聚焦深入

先针对某方面的问题做"扫描性"的提问，在探知对方的情况后，再据此深入，进而找到问题的症结。

在抛出问题询问对方的同时，你要注意把握发问的时机和态度。我们在谈判时要心平气和地发问，对于对方不愿意回答的问题不要强问，以免对方产生敌对情绪，让谈判陷入僵局或触发冲突。

练习指南

1. 掌握本文提到的这几种摸底方法。

2. 不管用什么方法，最好让对方先对价格表态。对方表态后，切不可完全赞同，以给自己留下更多谈判余地。

3. 在谈判之前，先了解一下对方主谈人员的性格，并设法获知对方的价格范围。

4. 报价时的开价应稍高，并坚决不接受对方的初始报价。

说出的话别轻易改口

核心提示

谈判中不要轻易改口，这样更利于对方接受你的条件。

理论指导

一位小伙子在小摊上买运动服。小伙子同卖主进行了一番讨价还价，最后卖主提出的最低价格是一套 68 元。小伙子没有接受他的报价，交易失败。后来，小伙子又到其他摊点去寻找他要买的运动服。但由于其他摊点的运动服式样不合他的心意，小伙子又返回原卖主那里，同卖主再次讨价还价。

当小伙子提出接受卖主原来的报价，按 68 元的价格成交时，卖主却十分傲慢地说："现在卖 72 元，68 元太便宜了。"小伙子和这位卖主进行了一番争论后，最后勉强以 70 元的价格成交。

上述案例中的小伙子之所以在后一次讨价还价中退让妥协，是因为他做出决定后又改口。他在讨价还价失败，做出不买的决定后，又回头请求对方卖货，这让对方抓住了他急于成交的心理，从而抬高了价格。

如果双方在谈判中未达成协议，并且没有创造再次讨价还价的条件，或者交易完全破裂，那么买方不宜回头同卖方再次商讨价格。

买方若轻易改口同卖方再次讨价还价，就会十分被动，这就无意中抬高了卖方的谈判地位。买方会因此由强变弱，只能进行"强求"和"恋战"了。这时，卖方很可能会抓住机会，故意抬高价格，或者提出苛刻的条件。

在谈判时轻易改口会使对方掌握主动权，给己方带来损失。因此，你要坚持自己的态度，冷静处理谈判过程中的每一个问题，不要轻易暴露己方的弱点。

练习指南

1. 在第一次听到对方的报价或还价时，可以表现出很意外的样子，让对方感受到一定的心理压力。

2. 当谈判陷入僵局时，表示出某些事情自己无法决定，需要请示领导——即便你能够自己决定也要如此。

3. 如果需要在价格方面做出让步，要避免一步让到位，而应每次只让一点点，让对方知道你的报价已接近底线。

先明确目标再谈判

核心提示

先明确目标再谈判，做到胸有成竹，应对自如。

理论指导

有个人被小偷偷了东西，发现后赶忙追过去。小偷见有人追来，拼命狂奔。而被偷者跑得也很快。两人一前一后，跑了很长一段路。此时，被偷者很生气，心想："难道我跑不过你？我就不服这口气！"他心里这么想着，咬咬牙，脚下的步子加快了，而小偷体力不支，两人的距离渐渐缩小了。眼看小偷就要被擒获，奇怪的事情发生了：这个人迅速超过小偷，一直往前奔去。原来，他心里仍在愤愤不平："让你见识一下我的厉害，难道我还跑不过你？"

笑话归笑话，虽然荒唐了一些，却引人深思。这个人之所以落下个笑柄，就在于他在抓小偷的过程中受情绪的影响，不知不觉改变了目标，从抓小偷变成了和小偷赛跑。

谈判前不设立目标就急于谈判，如同没看清靶子就射箭一样，结果只能是无的放矢、一事无成。谈判目标就是商业谈判中的靶子，你只有明确谈判目标，才能清楚自己努力的方向，才能在谈判中把握好分寸，保证谈判的顺利进行。

在商业谈判中，双方的目的都是表达己方的愿望和要求，因此谈判语言的针对性要强，你要做到有的放矢。模糊、啰唆的语言会使对方疑惑、反感，降低己方威信，成为谈判的障碍。

在谈判之前，你只有做到胸有成竹，才能应对自如。针对不同的谈判内容、谈判场合、谈判对手，要用有针对性的语言，这样谈判才有可能成功。下面两个方面的问题，我们在谈判时应多加注意。

1. 针对谈判对手

对于谈判对手，你要先了解他们的心理、愿望和要求具体是什么，了解他们的阶层、思想状况和文化程度，最重要的是了解他们的谈判意图。

你必须根据对方的心理活动，灵活地运用各种不同的方式提出问题。例如，当买方不感兴趣、不关心或犹豫不决时，卖方应提出一些引导性问题，如"你想买什么东西""你愿意付多少钱""你对于我们的消费调查报告有什么意见"等。提出这些引导性的问题后，卖方可根据买方的回答找出一些理由来说服对方达成交易。

对脾气急躁、性格直爽的谈判对手，运用简短明快的语言可能会更受欢迎；而对慢条斯理的谈判对手，与其倾心长谈，效果可能更好。

2. 针对谈判者

谈判者需要以自己的思想、情感、事例、语言来打动和征服谈判对手，因此陈述的内容必须是在场的人都关心的，并且与谈判内容密切相关，这是谈判成功的关键之一。

为了使谈判富有成效，谈判小组的成员必须在谈判中协调配合，保持步调一致、口径一致；否则，各说各的、漏洞百出，这样就不会有好结果。确立了谈判目标，谈判小组成员就有了共同的努力方向，不再是分散的、盲目的个体，而是朝同一目标努力的一个群体。谈判目标明确，能使谈判小组成员更好地发挥合力作用，减少矛盾和冲突。

练习指南

1. 目标必须明确，如针对价格，最好用具体数字量化出来，并在谈判中坚守价格底线。

2. 目标要符合行业实际，不可脱离常规太远，否则就难以实现。

3. 目标要结合谈判对手的实际情况，让谈判具有成功的可能。

掌握打破谈判僵局的技巧

核心提示

掌握打破谈判僵局的技巧，使谈判更加顺利。

理论指导

谈判是利益的角逐，不可能一帆风顺，当谈判陷入僵局时，你要善于扭转局势，使谈判顺利进行。

A 国与 B 国就购买鲱鱼进行了马拉松式的持久谈判。B 国开价高得惊人，尽管双方僵持不下，但 B 国并不在乎，因为 A 国人要吃鲜鱼，货主非 B 国莫属。为了打破僵局，A 国政府派出一位谈判高手。谈判过程中，这位谈判高手幽默地说："好吧，我同意贵方的报价，如果我国政府不同意这个价格，我愿意用我自己的工资来支付，但是，请允许我分期付款，可能我要支付一辈子。"B 国的谈判代表从未碰到过这样的谈判对手，在忍不住一笑之际，最后一致同意把鲱鱼价格降下来。

可见，打破僵局需要运用一定的策略。这样做不但有利于谈判的顺利进行，而且还能让你取得谈判的主动权，为争取有利的谈判成果夺得先机。

谈判的内容通常牵连甚广，不只是单纯的一项或两项。在有些大型的谈判中，议题往往多达几十项。当谈判内容包含多项议题时，可能某些项目已谈出结果，某些项目却始终无法达成协议。这种情况下，你可以这样"鼓励"对方："看，许多问题都已解决，现在就剩这些了。如果不一并解决，那就太可惜了！"这是一种用正面激励来打破谈判僵局的说法，正面激励能发挥莫大的效用，可以作为谈判的利器来使用。

牵涉多项议题的谈判，你更要留意议题的重要性及优先顺序。例如，在一场包含六项议题的谈判中，有四项为重要议题，另两项则不太重要，现已有三项重要议题达成协议，只剩下一项重要议题和两项小议题，为了使这些议题也获得解决，你可以这样告诉对方："四个重要议题已解决了三个，剩下的一个如果也能一并解决，其他小议题就好办了。让我们继续努力，尽快拿出结果吧！如果轻易放弃，大家都会觉得遗憾。"这样说，对方多半会点头，同意继续谈判。

打开谈判僵局的方法，除了上述说话技巧外，尚有其他多种方法。注意，无论你使用哪一种方法，最重要的都是设法将已达成协议的事项作为跳板，以快速完成谈判任务。

练习指南

1. 谈判之前，要制定替代方案，想好发生最坏结果后该怎么办。

2. 当谈判陷入僵局时，你必须冷静下来，理智思考对策。例如，你可以找借口去一下洗手间，或告知对方某些事情要请示上级领导，借机离开谈判桌。

3. 转移话题，缓和冲突。

4. 做出微小的让步以示谈判诚意。

第 6 章

拒绝口才

说 "不" 是一门高深的学问

核心提示

学会拒绝他人，而又不会伤害对方。

理论指导

怎样说 "不" 是一门学问。"不" 字谁都会说，但怎样说才能既不伤害对方，又不使自己为难，这需要动点脑筋。

对许多人来说，拒绝他人是一件很难办的事。当他人提出要求时，很多人都不好意思直接说 "不"，怕伤害对方的感情，造成双方的关系疏远。但若答应他人的要求，自己又确实为难，或者会有所损失。这种矛盾让人十分苦恼，难以处理。

其实，在自己确有难处，或者若答应对方的要求自身利益会损失很大的情况下，我们可以拒绝他人。但是，拒绝他人也要考虑对方的感受，尽量做到不伤害双方的感情。

华歆在孙权手下时，名声很大。曹操知道后，便请皇帝下诏召华歆觐见。华歆启程的时候，亲朋好友千余人前来相送，赠送了他几百两黄金和礼物。华歆不想接受这些礼物，但若当面谢绝肯定会使大家扫兴，伤害大家的感情。于是，他便暂时将礼物统统收下，并在所收的礼物上偷偷记下送礼人的名字，以备原物奉还。

华歆设宴款待众多朋友，在酒宴即将结束的时候，华歆站起来对朋友们说："我本来不想拒绝各位的好意，却没想到收到这么多的礼物。但是，匹夫无罪，怀璧其罪。想我单车远行，有这么多贵重之物在身，诸位想想这是否有点太危险了呢？"朋友们听出了华歆的意思，知道他不想收受礼物，又不好明说。他们对华歆的敬意油然而生，便各自取回了自己的东西。

如果华歆当面谢绝大家的馈赠，试想千余人，不知道要推却到什么时候，也不知要费多少口舌，场面将会非常尴尬。而华歆却只说了几句话便退还了众人的礼物，既没有伤害大家的感情，还赢得了众人的叹服。

华歆在拒绝朋友时，没有坦言相告，而是找了一个"自己人身不安全"的理由。虽然大家也知道他是在故意推辞，但不会因此而反感，因为华歆的委婉拒绝没有让他们难堪。

总之，当你无法满足别人的请求，而又不能或无需找任何借口时，那就用委婉、友善、真诚的话语表示拒绝。

练习指南

1. 针对原则性问题，该拒绝时就要果断拒绝，不可模棱两可。

2. 拒绝一般事宜时，要尽量委婉表达，以免伤害对方的感情。

3. 若对方不理解，就向对方真诚地说明你的难处，表示拒绝是不得已而为之。

4. 拒绝时，应多挖掘内在的、自身的原因，少提或不提外界的、他人的原因。这样更易于对方接受。

先发制人，堵住对方的口

核心提示

学会运用先发制人的策略，让对方免开尊口。

理论指导

运用先发制人策略，重在一个"先"字，贵在一个"制"字。当你预知别人可能会说一些对你不利的话或让你办一些你不想办的事情时，你不妨抢先开口，堵住对方的口，这样有利于掌握谈话的主动权，从而达到拒绝对方的目的。

曹操准备攻打吴国，但吴国主将周瑜足智多谋、精通兵法，是曹操灭吴的一大障碍。于是，曹操派蒋干去东吴说降周瑜。蒋干风尘仆仆到了江东。周瑜听说蒋干来了，就知道他想干什么，于是决定先发制人，堵住蒋干的口。

两人一见面，周瑜就开门见山地说："您不辞辛苦远道而来，是给曹操当说客的吧？"蒋干没想到周瑜竟如此直接，犹豫了好久，方说道："老朋友相逢，你怎能说这种话呢？"席间，周瑜又对众将说："这是我的同窗好友，虽然从江北来，但他不是曹操的说客——你们无需怀疑。"同时解下佩剑交给太史慈说："你佩上我的剑作监酒，今天宴饮，只叙朋友交情，如有谁敢提起曹操和东吴军旅之事，就斩下他的首级。"蒋干听后大吃一惊，再也不敢开口提劝降之事。宴后，周瑜拉着蒋干的手说："大丈夫生在世上，遇到知己之主，外托君臣之义，内结骨肉之恩，言必听，计必从，祸福与共，即使是苏秦、张仪、陆贾、郦生那样的人再生，口若悬河，舌如利剑，又怎能说动我的心呢？"就这样，周瑜采用先发制人的策略，让蒋干始终不敢提起劝降之事。

认真分析上面的故事，可以看出周瑜先发制人的策略有以下几个特点。

第一，先堵。他抢先一步，单刀直入，直接点破蒋干来吴的目的，先堵住蒋干的口。

第二，再压。在酒席上，他派太史慈做监酒官，并且明定"只叙朋友交情，如有谁敢提起曹操和东吴军旅之事，就斩下他的首级"，让蒋干慑于军令而不敢开口。

第三，后围。用"大丈夫生在世上……"等话来堵蒋干的口。这番话慷慨激昂，等于告诉蒋干，是大丈夫就应该这样做，只有小人才会反其道而行之。如果蒋干不识时务，硬要说出劝降的话，岂不是把周瑜和他自己都当成小人了吗？这就让蒋干更加难以启齿了。

第四，再次强调。周瑜紧接着又顺势说出："即使是苏秦、张仪……又怎能说动我的心呢？"暗示蒋干无需开口，不必白费口舌了。

这样一环扣一环，自始至终压住蒋干，使他欲说不能，欲说无词，最终失望而归。

练习指南

1. 见面后，针对对方可能求助的事，反向表明自己的立场，堵住对方的口。

2. 若对方不直接开口，而是通过暗示表达意思，不妨转换话题，顾左右
   而言他。

为拒绝找一个合理的理由

核心提示

巧妙地拒绝他人，以避免尴尬。

理论指导

在人际交往中，谁都避免不了拒绝他人，但是我们应该怎样做才能既成功拒绝对方，又能避免双方尴尬呢？找一个合理的理由很重要。

郑建在一家电器商场工作。这天，他的一位朋友过来买洗衣机。可是，朋友看遍了店里陈列的样品，也没有找到满意的型号。最后，朋友要求郑建带他到仓库去看看。郑建面对朋友，"不"字说不出口。于是，他笑着说："真是不巧，前几天我们经理刚宣布过，不准任何顾客进入仓库。"他朋友一听，也不好意思再说什么了。

在这个案例中，郑建是以经理的命令为借口而达到了拒绝的目的，即使他的朋友心中不高兴，也比直接听到"不行"二字要好得多。

具体来说，我们可以用以下方式和理由拒绝他人。

1. 用开玩笑的方式拒绝

用开玩笑的方式拒绝他人，通常既能达到目的，又不至于让双方感到尴尬，是一种很好的否定技巧。例如，男女朋友之间，当对方邀请你到家中，你觉得时机尚未成熟，不可盲目造访时，你不妨问："到你那儿有什么好吃的吗？"若对方列出几样菜，你可以说："没好吃的，我不去。"这是巧妙的玩笑，不仅拒绝了对方的请求，还可避免回答"为何不去"。

2. 用制度为借口拒绝

一位普通职员鼓起勇气走进经理办公室说："对不起，我想您该给我涨工资了……"经理回答道："你确实应该涨工资了，可是……"经理指着玻璃板下的一张印刷文件不慌不忙地说，"根据本公司职务工资制度，你的工资已经是你这一档中最高的了。"职员听完就泄气了，说："哎，我忘记我的工资级别了！"于是就退了出来，几条打印出来的制度让他放弃申请更高的待遇。他也许在想："我怎么能无视那张压在玻璃板下的印刷文件呢？"这也许正是经理希望他讲的话。

3. 寓否定于感叹之中

一个女孩子过生日，男朋友送她一套衣服，但女孩子不喜欢。当男朋友问："喜欢吗？"女孩子若直截了当地回答："不喜欢，土里土气的，太难看了！"男朋友此时一定会觉得很伤心。如果女孩子说："要是素雅些就更好了，我比较喜欢浅色的！"这话的表面意思仿佛是说：你买的也不错，不过如果素雅些就更好了。

4. 巧妙地推辞

你若不想参加某个约会，可以礼貌地说："谢谢，下次我有空一定去。"如果有人想找你谈话，你又不想与他谈，那么不妨看看表，告诉他："对不起，我还要参加一个会议，改天可以吗？"表面上，你并没有拒绝别人，只是改个日期，但这个"改日"却是没有具体时间限制的，聪明人一听就知道这是在委婉地拒绝。这比直接说"我没空，不能去"更容易让对方接受。

5. 用商量的口气表示否定

当你的恋人希望你们一同参加某个朋友的聚会，可你觉得目前不便或不妥时，你不妨用商量的口气说："我现在没时间，以后行吗？"显然，恋人此时的邀请有着特殊的意义，等到以后还有什么意思呢？可你若以没时间为借口，对方也就不好再勉强了。

练习指南

1. 牢记本文提示的这些拒绝他人的方法，并结合自身情况合理使用。
2. 拒绝时态度要和蔼，争取让对方理解自己的难处，以免破坏双方关系。
3. 拒绝的理由要合理，最好是对方也知道的事由，这样对方会更理解你的做法。

拒绝他人要委婉含蓄

核心提示

在人际交往中，即使朋友提出的要求违反了你的处世原则，也没必要强烈批评或直接回绝，可以采用委婉含蓄的话语告之，让对方知难而退，这样既不伤朋友之间的和气，也不违反自己的为人处世原则。

理论指导

在日常生活中，如果朋友向你提出的要求是不符合原则的，那么你切不可为了维护友情而答应对方。聪明的人都不会为保持一团和气而放弃立场，无论什么样的关系，该拒绝的时候一定要拒绝。但是，拒绝他人要讲究说话方式的灵活性，根据人际关系的类型和特点，以及双方交往的内容、场合和时间等情况的不同，采取灵活的拒绝策略。

罗斯福当海军助理部长时，有一天一位好友来访。谈话间朋友问及海军在某岛建立基地的事。

"我只要你告诉我，"他的朋友说，"我所听到的有关基地的传闻是否确有其事。"

这位朋友要打听的事在当时是不便公开的，但是好朋友发问，该如何拒绝呢？

罗斯福望了望四周，然后压低嗓门儿向朋友问道："你能对不便外传的事情保密吗？"

"能。"好友急切地回答。

"那么，"罗斯福微笑着说，"我也能。"

这位朋友明白了罗斯福的意思，之后便不再打听了。

后来，罗斯福的这位朋友仍然和他交往着，感情也没有因此减淡，因为他很清楚罗斯福做事一向是很有原则的。

在这个故事中，罗斯福拒绝得委婉含蓄，其语言轻松幽默，表现出了高超的交际艺术，在朋友面前既坚持了不能泄密的原则，又没有让朋友难堪，取得了极好的语言交际效果。相反，如果罗斯福表情严肃，义正词严地加以拒绝，甚至心存疑虑，其结果可能是两人之间的友情出现裂痕甚至危机。

练习指南

1. 先直白地列出要拒绝对方的事情，然后设计用委婉的方式表达出来。
2. 若对方的要求是在沟通时提出的，你不妨先思考一下再含蓄回答，不要生硬拒绝。
3. 根据对方的性格特点，用对方能够接受的话语方式表明你的态度。
4. 若对方要求你在短时间内答复其不合理请求，你不妨使用拖延战术。

得体地拒绝下属的不合理要求

核心提示

领导要学会得体地拒绝下属的不合理要求，充分展现自己作为领导的风度。

理论指导

一位员工经常请假，领导很不高兴。一次，这位员工又向领导请假，领导对该员工说："你又想请一天假，看看你在向公司要求什么？一年有365天可以工作。一年52个星期，你已经每星期休息2天，一共104天，剩下261天工作。你每天有16个小时不在工作，去掉174天，剩下87天。你每天至少花 30 分钟时间上网，加起来每年 23 天，还剩下 64 天。每天午饭时间你花掉 1 小时，又用掉 46 天，还有 18 天。通常你每年请 2 天病假，这样你的工作时间只有 16 天。每年有 5 个节假日公司休息不上班，你只干 11 天。每年公司还慷慨地给你 10 天假期，算下来你就工作 1 天，而你还要请这一天假！"

当然，这只是一个笑话，但该领导拒绝他人的思路却非常有意思。领导拒绝下属需要注意哪些问题呢？大致来说，应注意以下几点。

1. 要顾及下属的感受

领导对下属说"不"虽然很容易，但若不顾及下属的感受，就难以赢得下属的尊敬，带来的可能只有抱怨和不满。因此，领导对下属说"不"，在坚持工作原则时，还应维护下属的自尊心，激发下属工作的积极性。

同时，也要讲究"巧"和"善"。"巧"就是灵活多变，抓住下属的心理，在不经意中拒绝下属的要求。同时，要心怀"善"念，用友善的态度消除下属可能产生的敌意。

2. 敢于说"不"，善于说"不"

在现代社会，领导必须要敢于说"不"，善于说"不"。在工作中，下属的有些观点、行为并不正确，而其自己却察觉不到，这时作为领导，就应果断地拒绝或制止。如果对方是一个正直的人，那么他一定会很感激你，这也是对他的一种激励。你的行为，肯定了他是一个正直的人，他能够认识并改正自己的不足。在这一层意义上，可以看出说"不"其实是激励的孪生兄弟。虽然它们表现的方式有所差别，但达到的效果却是一样的。如果从被激励者的心理反应来看，只要使对方达到了一种心理满足，产生了良好效果的行为，都可以称为激励。

3. 做到真诚与委婉

在拒绝之前，领导要先注意倾听下属的诉说。这样既能让对方觉得被尊重，也能在你婉转地表明拒绝的立场时，避免让其受到伤害，或避免让下属觉得你只是在应付。同时，领导要在倾听完下属的意见后再拒绝，并针对下属的情况提出建议。而所有这一切，都需要领导在拒绝下属时做到真诚相待。

练习指南

1. 掌握本文所述的领导拒绝下属的三大要点。

2. 根据所拒事情的轻重，采用不同的拒绝态度。

3. 最好与公司的制度结合起来，这样会使拒绝更加合情合理。

4. 拒绝下属后，尽量多观察下属的工作状态，若下属无心工作，应及时开导。

巧妙拒绝他人的劝酒

核心提示

不想喝酒时，知道该如何拒绝他人的劝酒。

理论指导

酒文化中既有劝酒词，也有拒酒词，若你没有酒量或不想喝酒，可以凭借机智和口才在交际场上应对周旋。

当面对他人劝酒时，有时我们不好严词拒绝，怕扫大家的兴，但喝得太多又会伤身。这种情况下，如何才能友好拒绝他人的劝酒，又不扫大家的兴呢？

1. 笑容满面，好话说尽

唐文乔迁之日，特邀亲朋祝贺，小黄也在其中，然而小黄平时很少饮酒，且酒量"不堪一击"。酒席上，小胡提议和小黄单独"表示"一下，小黄深知自己酒量不行，便连忙起身，一个劲儿地微笑，不停地说好话。"酒不在多，喝好就行。""经常见面，不必客气。""你看我喝得满面红光，全托你的福，实在是……"小黄的一番推辞让小胡感到无可奈何。

在聚餐中，有些"酒精（久经）考验"的拒酒者，任凭敬酒的人说得天花乱坠，他们就是笑眯眯地频频举杯而不饮，而且理由得当。这种"笑容满面，好话说尽"的拒酒术往往能让对方无计可施，最后只好作罢。

2. 以子之矛，攻子之盾

小吴的朋友郑群，人很好，就是有一个毛病，喜欢在酒席上盛情劝酒，而且通常会采取那种欲抑先扬的劝酒术，先夸对方是"高人"或"朋友"，再举杯敬酒，让对方骑虎难下。这天在酒席上，郑群又故技重演，劝小吴喝酒，可小吴怎么也不想喝了，于是说："今天我有点胃疼，你要我喝这么多的酒简直是要我的命。如果你把我当朋友，就不要害我啦！"郑群也不好意思再劝了。

小吴使用了和他一样的说话技巧，可谓是以子之矛，攻子之盾。因为小吴的言下之意也很明白：你要我喝酒就不够朋友！而劝酒者都有一个心理：

喝也罢，不喝也罢，口头上都必须承认是朋友。抓住这个弱点予以反击，劝酒者往往碍于"朋友"的情面，也不得不作罢。

3. 实话实说，争取谅解

陈民去参加一个宴会，黄莉好久没与他见面了，坚持要和陈民痛饮三杯，陈民说："你的好意我心领了，遗憾的是我最近一段时间身体不好，正在吃药，滴酒不沾，还请老朋友你多多关照。好在来日方长，日后我一定与你一醉方休，好吗？"此言一出，宾客们纷纷赞许，黄莉也就只好作罢。

事实胜于雄辩，拒酒时，若能突出事实，申明实际情况，表明自己的苦衷，再配上得体的语言，则有助于取得劝酒者的谅解，辍杯罢手。

4. 强调后果，表示感谢

饮酒当然是喝好而不喝倒，让客人乘兴而来，尽兴而归。那种不顾实际的劝酒作风，说到底，也不过是以把人喝倒为目的，这是一种低级的劝酒术，是劝酒中的大忌。作为被劝者，实在不能喝时，就应向东道主或劝酒者说明情况。例如："感谢您对我的一片盛情，我原本只有一杯酒量，今天因喝得格外高兴，多贪了几杯，再喝就'不对劲儿'了，还望您能体谅。"这种实实在在地说明后果和隐患的拒酒术，只要劝酒者明白"过犹不及"的道理，通常会见好就收。

练习指南

1. 掌握本文提到的这几种应对劝酒的方法。

2. 每个地方的酒场文化都不一样，结合所在地域或环境，说出适宜的拒酒词。

3. 在出差或外出公干前，了解一下当地人通常如何劝酒，并想好应对之策。

记住，拒绝是你的权利

核心提示

你的人生你做主，你对任何人、任何事都有拒绝的权利，别让不好意思害了你。

理论指导

很多人在想要拒绝他人时，都会产生一种"不好意思"的心理。这种心理阻碍了人们把拒绝的话说出口，以至于说话吞吞吐吐，欲言又止。在这种心理的制约下，事情往往会朝着不好的方向发展。

国外研究拒绝艺术的专家强调，要建立这样一种意识："你有权利说'不'，而不必因为拒绝了一件事而感到不好意思。"这样，你在拒绝时就会心情坦然、举止大方、态度明朗，避免被误解和猜疑。

坦诚地向对方说"不"，即使对方开始会感到失望和遗憾，但由于你的态度明朗，对方也会受到感染，从而弱化其心中的不快。如果连你自己都觉得不应该拒绝，心里发虚，那么你的态度就会迟疑不决，对方也会觉得你拒绝的理由是不可信的。

例如，你在服装店挑选了一件衬衣，样式和做工都令人满意，只是你认为价钱太高，但看到售货员很热情，你又不好意思不买。这时，售货员就会利用你的这种心理，越是看到你在犹豫，他服务得越热情周到，帮你量好尺寸、试大小，甚至动手把衣服包装好，放进你的购物袋里，造成既定事实。

在生活中，还有很多类似的例子，很多人都因为不好意思说出那个"不"字，而买了不称心的衬衫，娶或嫁了不满意的异性，答应了自己办不到的事情，耽误了自己本应光明的前程。

练习指南

1. 不必因为拒绝别人而感到不好意思。如果你以前经常在该说"不"时而没有勇气说出口，以后不妨在拒绝前多写几个"不"字，用行动暗示自己说"不"的正当权利。

2. 严厉的拒绝，并不一定非得用难听的话来表示，通过眼神、肢体动作同样能让对方明白你的意思。

3. 列出生活与工作中所要坚守的底线，任何人一旦触碰，就要果断拒绝，以免日后带来不必要的烦恼。

第 7 章

批评口才

批评之前先用表扬作铺垫

核心提示

学会巧妙地批评他人，让被批评者认为你的批评是对的。

理论指导

批评他人时，如果对方认为你的批评是客观公正的，那么就不会产生抵触情绪，从而达到良好的批评效果。

例如，有位董事长对他的秘书说："你今天穿的衣服很漂亮！"女秘书受宠若惊，因为这可能是平时严肃的董事长对她最大的夸奖了。但董事长话锋一转，又说："另外，我还想告诉你，以后抄写时要注意正确使用标点符号。"

像这样在批评之前先表扬对方，以表扬来营造批评的氛围，它能让对方在愉悦的赞扬中虚心接受批评。因为，人们在先听到别人对自己的某些长处表示赞赏之后，再听到批评，心里往往会好受一些。

未批先夸，实际上就是一种欲抑先扬的批评方式，即在批评别人时，先找出对方的长处称赞一番，然后提出批评，最后使用一些鼓励性的词语。这种批评方法通常易于让人接受，表明被批评者既有过失，也有成绩。这样就减少了因批评所带来的抵触情绪，能够达到良好的批评效果。

需要注意的是，有些人常常在使用这种方法的时候错误地加上两个字"但是"，即在赞美他人之后，喜欢拐弯抹角地加上"但是"两个字，然后开始一连串地批评。举例来说，有人想改变孩子漫不经心的学习态度，其会这样说："小虎，你这次成绩进步了，我们很高兴。但是，若你能够在数学这科上再多下功夫，那就更好了。"

在这个例子中，原本受到鼓舞的孩子在听到"但是"两个字后，很可能会怀疑原来的赞美之词。对他来说，赞美只是引向批评的前奏。如此一来，不但赞美的真实性大打折扣，对孩子学习态度的提高也不会有所帮助。

如果换一种说法，情况就会大为改观。你可以这样说："小虎，你这次成绩进步了，我们很高兴。只要你在数学方面继续努力，下次就会取得更好的成绩。"这样，孩子一定会高兴地接受这番赞美，因为后面没有直接、明显的批评。由于你间接提醒了对方应该改进的事项，因此对方也会想办法改进以达到你的期望。

练习指南

1. 要想批评谁，可先夸奖谁。刚开始夸得不好没关系，先做到有批必夸，再逐渐提高自己的夸奖、表扬水平。

2. 在批评对方之前，你应先想想对方身上有哪些值得夸的优点，等对方知道了你的善意后，自然会乐于接受你的批评。

3. 批评他人之前，先给对方一点好处，以表示你对他的关心。例如，先送给对方一个小礼物，再委婉地说出问题，这样有助于消除对方的抵触情绪。

批评要因人而异

核心提示

批评要讲究方法，要考虑被批评者的具体情况，做到因人而异。

理论指导

有这样一个例子：

某纺织厂的小赵和小吴在同一车间工作，小赵比小吴早进厂两年。在一次生产操作中，她们都出现了错误，而且所犯的错误都是相同的。车间张主任针对这种情况，对两个当事人采取了不同的批评方式。因为小赵是老员工，所以张主任狠狠地批评了小赵，但对小吴则只是指出了她操作的不当之处，还安慰她不要性急。小赵很不服气，找张主任交换意见。张主任对她解释说："这种错误出现在你身上是不应该的，你对操作不能说不懂，这是一个工作态度的问题。你技术很熟练，所以对你的要求自然要严格一些。"小赵听后沉默不语，默默地接受了批评，她也觉得主任说得有道理。

可见，同样的错误发生在不同的人身上，批评的方式也应不同。批评要因人而异，否则便会产生不良的后果。

你在批评他人时，要根据不同的人采取不同的方式。大致来说，需要注意以下几点。

1. 批评不同年龄的人

批评他人之前，要先确定被批评者的年龄段。对年龄比自己小的人，可以用一些开导性语言使其加深认识；对年龄相近的人，由于共同点多一些，因此可以自由交谈；对年龄大一些的人，一般应采用商量的口气。同时，批评时还要注意称谓，对年长些的人应加上谦语。每一个年龄段的人的特点不尽相同，所以，在选择批评方式时，要区别对待。

2. 批评不同层级的人

在同一职场中，针对不同层级，如工作能手和初学者，批评方式应不同。而同一种批评方式也不能用在担任领导职务的人和一般的工作人员身上。

3. 批评具有不同知识和阅历的人

具有不同知识结构、不同阅历的人，他们在接受批评时的心理状况是有很大差别的。如何运用语言艺术，使他们既接受了批评，又有如遇知己之感，是批评的艺术所在。批评知识、阅历深的人，需要讲清道理，有时只需蜻蜓点水，对方便能心领神会；相反，批评知识、阅历浅的人时，则必须要讲清利害关系。

练习指南

1. 掌握本文所述的三个要点，并在批评他人时合理运用。

2. 不同性格的人，在批评时也要区别对待。例如，在批评一个脾气火爆的人时，切忌使用过激语言。

3. 批评之前，要先换位思考：若我是他，我怎样才会接受批评，并乐于改正呢？

批评他人一定要看场合

核心提示

批评他人一定要注意场合，不可大声张扬。

理论指导

穿衣要看天气，批评也要看场合。不注意场合，随意批评人往往达不到理想的效果。对于领导来说尤为如此，公开批评下属不仅会伤了下属的面子和自尊心，而且会破坏自己的形象和威信。

批评下属一定要注意场合，不能大声张扬，唯恐别人不知道。因为，大部分人都不愿意看到上司斥责下属，不愿看到同事被责骂。当然，可能会有幸灾乐祸的人，但大部分人会站在被责骂者一边。

有的人喜欢在众人面前斥责下属，并不是出于气愤，而是想通过这种方式向上级、客户或其他下属表明这不是他的错，而是由于下属办事不力造成的。事实上，这种做法是不妥的。首先，既然身为领导，就要对职责内的所有事务负起责任。如果你一味地强调自己不知情，那么只会说明你管理不力，或公司制定的管理制度不健全。更重要的是，这种推卸责任的行为，会让其他下属看了心寒，他们会觉得你是一个自私、狭隘、没有气量的上司。其次，一旦出了问题，你就把责任往下属身上推，拿下属做挡箭牌，可能导致下属从此对任何工作都不上心。

如果你的下属是一个脾气暴躁的人，也许当场就会和你吵起来，双方的个人形象都将受到极大的影响。

因此，在发生问题后，即使你确定是下属犯的错，也应该把他请到办公室，在没有第三者的情况下进行批评、教育。

练习指南

1. 在人多的地方，尽量不要单独批评某一个人。若确实需要在公众场合批评他人，最好不要指名道姓，可以说"某些人"。
2. 批评他人时要使用文雅词语，以免自毁形象。
3. 当众批评他人时，若对方大吵大闹，千万不可与之纠缠。

训斥他人要掌握好尺度

核心提示

在训斥他人时，一定要掌握好尺度，替对方保留颜面。

理论指导

如果要训斥他人，请一定要替对方保留颜面，同时做到对事不对人，之后也要懂得道歉，并适时安慰对方，让其有被信任的感觉，这样才能创造更好的互动关系。

松下电器公司的创始人松下幸之助，除了在企业经营方面方法独到，同时也善于用人，即使是训斥员工，也能把员工训得心服口服。

后藤清一是三洋电机的前副董事长，曾任职于松下公司。有一天，后藤清一因为犯了错，被松下幸之助叫到办公室接受训话。松下幸之助见到他后，犹如火山喷发，非常生气地斥责了他。由于过于激动，松下幸之助甚至用手上拿着的打孔机敲打桌子，以至于把打孔机都敲歪了。

松下幸之助心情恢复平和之后，对后藤清一说道："很抱歉，刚才我太生气了，所以把打孔机敲歪了，你可不可以把它扳正呢？"

后藤清一挨训后，原本只想赶快离开董事长的办公室，但听到松下幸之助这样说，只好无奈地接受要求。他拿着打孔机在一旁敲敲打打，慢慢地将其扳直，心情也平静了许多。

松下幸之助对后藤清一称赞道："你做得很棒，扳直后的打孔机简直跟原来的一模一样！"

后藤清一离开后，松下幸之助就悄悄地打电话到他家里，对他的老婆说："您丈夫今天回家后心情可能不太好，麻烦您多安慰他。"

当后藤清一带着满肚子的委屈回到家时，他原本想告诉老婆打算辞职不干了，却没想到董事长早已事先交代家人安抚他，这让后藤清一十分感动。

松下幸之助的聪明之处在于，他在责备员工时掌握好了分寸，让员工体会到他爱之深、责之切的心情，从而心甘情愿地为他工作。

在训斥他人时，通常要注意以下几点：

（1）不在大庭广众之下训斥他人，要维护他人尊严；

（2）训斥时应尽快切入重点，让他人觉得训斥是为了全体的利益着想，而非针对个人；

（3）转移话题，让他人有台阶下；

（4）事后及时采取安慰措施，维系良好的关系。

练习指南

1. 无论对方做了多大的错事，你也不可在批评他人时失去理智，更不能动手打人或使用侮辱性语言。

2. 训斥要入心，要训到点子上，让对方觉得你是为他着想，这样对方不但不会记恨你，反而会感激你。

3. 训斥之后，别忘了安慰、鼓励对方。

让被批评者感受到你的善意

核心提示

善意的批评会让对方心悦诚服。

理论指导

做了错事的人，一般都会对自己的行为感到惭愧，感到抱歉。这种情况下，你若不能体谅对方，反而喋喋不休地埋怨，那么他会产生什么样的心态呢？对方可能无法接受，不知改过，甚至会变本加厉。所以，这种批评方式一开始就注定会失败。

例如，对一位经常迟到的员工，上司若当面对他说："你到底打算怎样，公司并不是你一个人的，可以想怎么做就怎么做，你这种行为根本无视公司的规定，你自己好好反省吧。"倒不如抓住对方的"良心"说："我想你内心必定也认为迟到是不对的，你若能坚持这样的正确想法，我相信在不久的将来，你也能感受到每天准时上班的乐趣。"这样的说法更能让对方接受。

如果你的言语刺伤了他人，即使说得再多，对方也会无动于衷；相反，若能先肯定对方，之后再说出自己的意见，那将比任何批评的话都更有效。

在工作中，难免会接触到不熟悉的人，当对方犯错时，最困难的就是你不知对方的为人，其工作态度又是如何等情况，这对工作的进度有很大的影响。此时，你若能以和缓的语气说出意见而不让对方认为是严厉的指责，这便容易让对方接受。

例如，当对方因不善于沟通，未和其他部门协调好工作进度，导致未按时完成任务时，你可以说："你的心地太善良了，所以经常吃亏。"虽然其意在指正他的缺点——不懂沟通，拖延了别人的工作进度，但对方听来似在夸赞他的优点。或者说："你做事太过于慎重。"其实你是想劝他别太较真，事事不可能都完美。这样说会让对方觉得"虽然这人与我刚认识，但对我却观察入微"，自然而然就拉近了你们之间的距离。而这也是产生彼此信赖感的第一步。其他人或许常赞美他，但多半只是客气话，而你虽在指责其缺点，却能让其乐意接受，这对增进彼此的关系有莫大的帮助。

练习指南

1. 批评之前，先换位思考，站在对方的角度上考虑问题。

2. 批评之前，设法取得对方的信任，让对方认为你无论说什么、做什么，都在为其着想。

3. 先批评，再安慰，然后为其指明出路，让对方充分感受到你的善意。

批评他人应遵循的五大原则

核心提示

批评他人时要遵循一定的原则，不可乱批一通。

理论指导

1. 注意场合

批评他人前，我们应先考虑时间、场合与时机。例如，管理者带下属去拜访客户，就算当时发现下属在言谈举止方面存在问题，也不能当着客户的面提出批评。此时，管理者应当用高明的谈话技巧，将下属的缺点掩饰过去，然后私下单独对其提出批评。

2. 对事不对人

有些人在批评时总说："从你做的这件事来看，我就能看出你这人怎么样。"此类话语最好不要说，这是批评中的大忌。在批评他人时，我们要对事不对人，切勿拿某件事来评论他人的品性、人格。

你可以这样说："小杨，根据以往的经验，我知道你不至于犯这种错，是什么原因让你这次没做好充分的准备呢？"这种批评则是建立在友好的气氛中，能使其欣然接受，让对方认识到你并不是在批评他这个人，而是在批评他的某项工作。

3. 先赞扬，后忠告

批评的目的并不是要将对方击垮，也不是为了伤害对方；而是为了帮对方成长，将工作做得更出色。

一些管理者之所以善于运用批评，就是因为他们能采取先扬后抑的方式。例如："小孙，你的调查报告写得很好，肯定下了不少功夫吧！不过有一个重要的问题你要注意一下……""小林，自从你调来这个单位后，你的表现一直都不错，我对你取得的成绩十分赞赏。可有一点我认为你能做得更好，我也相信你愿意改正……"其实，这种"先赞扬，后忠告"的沟通方式就像外科医生手术前需要用麻醉药一样，病人虽会感到不舒服，但麻醉药却能减轻痛苦。

4. 缩小批评范围

人在犯错时，最受不了的就是被群起而攻之，因为这样会伤害到人的自尊心。也许犯错者会就此而承认错误，但他却并不情愿接受这种批评方式，甚至会对批评者充满敌意。

如果你希望自己的批评能取得好的效果，那就不能在批评时当众贬低对方的人格。其实，对于某些过失，若犯错者能及时认识到错误，你就没必要再当着众人的面让其公开检讨，此时只要在办公室与其面对面交谈，就足以让犯错者反省了。

5. 千万不要新账旧账一起算

话说三遍淡如水。对一个已知过错的人进行批评，只要一次就够了，多说无益。要知道，重提别人过去不愉快的事，或重谈已犯的错误、揭人伤疤，这些都会让人觉得不舒服。我们一定要记住批评的目的：让工作得以改进，且顺利完成任务。一旦错误得到纠正、解决，就要忘掉。当对方接受了你的批评，且取得了一定的进步时，也就意味着他已经站在新的起跑线上了。

要知道，批评可不是存款，时间越久利息越多。所以，不要总翻别人旧账，这对工作没有丝毫帮助。在批评他人时，我们应采取"就事论事"的态度，切勿将新账旧账一起算。另外，可以在交谈结束时，说一些"我相信你会从中吸取更多的经验和教训，以后你会做得更好"等勉励的话，这会使对方觉得你不是在刻意打击他，从而使其打起精神，更加努力地投入到工作中。

练习指南

1. 牢记本文提到的五个原则，并在批评他人时严格遵守。

2. 结合生活与工作实践，再总结几条原则并遵守。

3. 批评他人之前，先打腹稿，并审视其是否与原则相违背。

不要轻易指责他人

核心提示

注意说话的方式与方法，不要随心所欲地指责他人。

理论指导

有时，一个人即使做错了，他本人也不一定会意识到。所以，不要盲目对其进行责备，你应试着去了解对方，对方之所以那么做，肯定有他的原因。找出那个隐藏的原因，双方才能多一些理解，少一些误解。

在我国文学史上，有个苏东坡错改王安石菊花诗的事件。

一次，苏东坡前去拜访王安石，虽没见到王安石，却看见其书桌砚台下面压着一首未作完的诗："西风昨夜过园林，吹落黄花满地金。"苏东坡为此感到疑惑，心想："只有秋天才会刮西风，而西风起处，群芳满落，但菊花却是有傲霜之骨，又怎会花瓣飘落呢？王公这是犯了常识性错误啊！"于是，苏东坡一思忖挥笔续诗："秋花不比春花落，说与诗人仔细吟。"之后便拂袖而去。不久后，苏东坡和好友陈季常有天到后花园赏菊饮酒。只见满地铺金，落英缤纷，十几株菊花枝上一朵花也没有了。顿时，苏东坡瞠目结舌，感慨万千。于是回城后，苏东坡主动向王安石"负荆请罪"，并承认错误。也正因他勇于承认自己的过错，王安石才对他消除了隔膜。之后，苏东坡对友人说，这件事给他的教训太深了，今后做任何事，一定要谦虚谨慎，再也不会自恃聪明，随便讥笑他人了。

对于苏东坡的这个事例，大家可以引以为鉴。

尖锐的批评与攻击，往往收效甚微；反之，若能努力地去理解对方的用意，结果往往会更好。

当然，我们并不是要提倡无论何时都要保持一团和气，或不能开展任何形式的批评，而是应做到在批评他人时三思而后行，了解前因后果，不可因一时冲动而随意指责他人。

🏃 练习指南

1. 没人喜欢被批评、被指责，相反人人都希望被夸奖、被认可，所以生活中要尽量多认可而少指责他人。

2. 在指责他人之前，要反复思考对方为何要那样做，搞清楚事实真相或真实用意后，再具体问题具体处理。

3. 一旦对他人做出了错误的批评与指责，必须在第一时间道歉并认错，以维护双方关系，挽回不利影响。

用暗示代替直接批评

核心提示

直接批评容易使人产生抵触情绪，若能改用暗示的方法，间接让他人面对自己的错误，则有助于其改正自身言行。

理论指导

在谈话过程中，可以采用暗示的方法提出他人存在的问题，这样既不会伤害对方的自尊心，又可以避免很多尴尬情况的发生。

有一位夫人请几位工人做几件家具。刚开始的几天，她每天下班回家后都会发现满院子是锯木的碎木屑。可她并不想直接批评这些工人，因为他们的家具做得非常好。为此，她总是等工人走后，再和孩子们一起将这些碎木屑捡起来，并整齐地堆放在屋角。有天清早，她将工人的领班叫到身旁说："我非常高兴，昨晚的草地上那么干净，又没冒犯到邻居。"此后，工人们便每天把木屑捡起来堆好放一边。这位夫人很聪明，她没有直接去批评那些工人，而是用暗示的方式表明了意见。这样一来，既尊重了工人，又使其及时弥补了过失。

委婉暗示的方法，之所以能收到好的效果，关键就在于它能避免伤害他人，维护他人的尊严。

用暗示来代替直接批评有哪些方法呢？具体如下。

1. 以故事进行暗示

某机关单位为加强干部管理，便在工作考勤等方面做了一些规定，并决定由一位老同志来负责考勤登记工作。而这位老同志觉得这个工作很容易得罪人，为此不愿意干。还说自己以前就是因为办事太认真而得罪了很多人，已从中吸取了"教训"。领导知道这种情况后，给他讲了一个故事：

有一位电影导演，他为了拍一部片子到处寻找合适的演员。终于有一天，他发现了一个很合适的人选，于是就通知对方准备试镜。这个人听后很高兴，之后他理完发，换上新衣服，对着镜子左照右照，但怎么照都觉得两颗"虎牙"不好看，于是就去医院拔牙。可当他兴致勃勃地去试镜时，导演却非常失望地说："很对不起，你身上最吸引人的东西已被你当缺陷毁了，所以这个角色你没法演了。"

故事讲完之后，这位老同志便意识到"坚持原则，认真办事"正是自身最为珍贵的东西，之后，他便愉快地接受了任务。

2. 以笑话进行暗示

有位老同志晚上总是休息不好，因为楼上的年轻人很不注意，总是在夜里听音乐，且音量很大。而这种情况则属于两代人的生活习惯问题，如果当面谈这件事，可能会产生不愉快。

于是，老同志就给年轻人讲了个笑话：

某栋楼里，楼下住着一位老人，楼上住着一位年轻的小伙子。楼下的老人晚上很难入眠，而楼上的小伙子却经常上晚班，且每天下班回家，就把鞋用力一甩，发出"噔噔"的声响。就这样，好不容易睡着的老人被惊醒了。之后老人向小伙子提出了意见，要求他晚上回来时动作轻一点，小伙子表示同意。这天小伙子又下晚班，他回来时又习惯性地将鞋一甩，当甩第二只鞋时，他忽然想起老人的话，随后便轻轻脱下了第二只鞋。次日早晨，老人对小伙子埋怨道："你若是一次把两只鞋甩下，我还能重新入睡，但你偏偏留下一只不甩，弄得我等你甩第二只鞋等了一夜。"

笑话一说完，年轻人便意识到这个笑话是意有所指的，之后便改正了不良的生活习惯。

3. 以岔题进行暗示

请看下面这段对话。

A："老孙这个人什么都挺好，就是有一点不好，好大喜功。"

B："昨晚的电视剧《三国演义》播出了第一集，你看了吗？"

A："没有啊。你不知道，最近向市里上报的材料，都是只说好话，把老孙捧上了天。"

B："哎，你不看真是可惜了，要是看了就能知道哪个版本拍得好了。"

很显然，B一再岔题，是为了向A暗示：他不愿在背后随便议论人，若A识趣，就会将该话题打住，停止对他人的批评。

4. 以诙谐的方式进行暗示

这是指用幽默的语言、随意说笑的方式，向被暗示者传递信息。

古时，税收繁重，民不聊生。有一年，时逢京师大旱，皇帝便询问文武百官："外地都下雨，为何京城不下？"一位大臣决定利用这个机会进谏，他诙谐地说："只因雨怕抽税，所以才不敢进京城。"而皇帝天性十分豁达，他听后大笑，就此决定减轻税收。

练习指南

1. 适时使用本文提到的四种暗示方法。

2. 根据以往的人际交往经验，总结其他有效的暗示方法。

3. 若暗示后对方不明其意，就需要进一步提示，以确认对方能够听懂你的暗示。

第 8 章

解难口才

话题不对，及时转弯

核心提示

话不投机半句多，一旦发现话题不对，就要立即设法转移话题，缓和气氛。

理论指导

日常与他人交流时，话不投机往往会造成一些尴尬，令气氛紧张。

话不投机有多种情况，具体如下所述。

1. 问话让人不便回答

两个年轻人去拜访老师，他们在谈话中提到："老师，听说您的夫人是教英语的，我们想请她指教一下行吗？"

老师为难地沉默了片刻，说："那是我以前的爱人，前不久我们离婚了。"

"哦？对不起，老师……"

"没什么，喝点水吧。"

"老师，您的书什么时候出版？快了吧？"

这样转换话题，特别是提出对方很愿意交流的话题，就会使谈话很快恢复正常，让气氛活跃起来。

2. 话题令人窘迫

生活中，难免有人会和你开玩笑，有时可能带有挖苦意味，使你窘迫乃至生气，如嘲笑你的头发过早脱落。

在这种情况下，你不必恼羞成怒，以免伤了和气；也不要忍气吞声，强装没事。最好的应对之策是一笑置之，豁然大度地说一句："好啊！这说明我聪明绝顶。"这样的答复，话题未转，内容却引申、转折了，既摆脱了窘境，又进行了自我表扬。

3. 双方意见不一致

当双方意见对立、谈不拢，但问题还要解决时，你就不能回避。这种话不投机的情况是需要绕路引导的。

在找对象的问题上，一对母子有矛盾。儿子不愿意也不能和母亲闹僵，只好等待时机再说。

这天吃饭时，母亲又唠叨起来："你这孩子，怎么就不听妈妈的话呢？那个女孩子，人长得漂亮，工作也挺好，你为什么不和人家交往，偏要……"

"妈，快吃饭吧，菜凉了不好吃……"儿子先回避话题，意在绕路引导。

练习指南

1. 不管面对的是谁，即便话不投机，也尽量不要针锋相对，更不能发生肢体冲突。

2. 找朋友练习一下，以提高话题转移技巧。例如，让朋友不停地用各种难以接受的话题与你沟通，让你从锻炼中提高应变能力。

面对"揭短"，急中生智

面对他人"揭短"，可以用具有幽默感的语言来应对。

理论指导

想象一下，当你正在眉飞色舞地向朋友讲述你怎样从池塘里钓上来两条大鱼时，而你的爱人却在一旁插话："别听他的！他钓了两天，一条小鱼的影子都没见着！那鱼是他花钱买的！"

当你正在和新结识的女朋友吹嘘："我最近拍了一部戏，这是我第一次独立执导，故事非常精彩，上映后一定会引起轰动。"旁边却走过来一个朋友说："姑娘，别听他瞎编，他哪是什么导演，只是个场记而已！"

当你正在帮别人修理电视机，你说："原因可能出在连接线上……"这时，你的亲戚走过来说："嗨，他只会拆零件。前两天我家那台电视机也坏了，没修前还能凑合看，让他一修，彻底不出图像了！"

爱人、朋友、亲戚，有时会开玩笑似地揭你的"短"，弄得你下不来台，你想默认又觉得窝囊，想还口又觉得理亏。对此，你不妨运用幽默的语言、滑稽的表情摆脱这种尴尬的处境。

你可以接着爱人的话说："不错，我往池塘里扔了五元钱，那两条鱼就自动跑进我的网兜里了！"

你也可以接着朋友的话说："场记怎么啦？很多导演都是从干场记开始

的，不信你去问问某知名导演！"

你也可以对亲戚说："每台电视机都有不同的毛病，修不好你的，不见得修不好他的！"

显然，设法改变处境比保持沉默更能缓和气氛，但有一点应明确，面对"揭短"的人，你尽量不要说气愤的话予以还击，幽默的解嘲是应对这种情形的一个好办法。

在应对"揭短"时，你尤其要注意以下事项。

1. 尽量不要怀疑他人别有用心

如果你的神经过于敏感，对别人的每一句话都琢磨一番潜台词、话外音，那就是自寻烦恼。因为在许多场合，对方说的往往是脱口而出或即兴联想的玩笑话，根本没想伤害你。不知者不为过，你又何必胡乱猜疑呢！

2. 不可反唇相讥

有人听不得半句"重话"，动辄连珠炮似地反击，常因此挑起唇枪舌剑，使双方良好的关系破裂。一般来说，开玩笑的人若是得到严肃的回击，脸上往往会挂不住。我们不能因为一句玩笑话而失去一个朋友，甚至给人留下心胸狭隘的印象。

3. 泰然处之

遇到别人"揭短"，如果失态，那就显得有些小气了。而保持泰然自若的风度，暂时把"揭短"抛置一边，寻找别的话题，或端起一杯茶，转移别人的视线，才是上策。

4. 幽默地回敬

幽默地回复"揭短"者，也是一种应对之道。

一位作家刚发表一本小说，赞誉之声鹊起；另一位作家却不以为然，跑去问他："这本书还不赖，是谁替你写的？"他笑着答道："哦，谢谢你的称赞，不过，是谁替你把它读完的？"

练习指南

1. 熟练掌握本文所述的四种应对方法。
2. 回忆以前当别人揭你的短时，你是如何应对的？现在再想想是否还有更好的应对方法。
3. 面对揭短，要有自嘲精神。
4. 努力改善自身言行，让别人对你无短可揭。

就地取材，化解尴尬

核心提示

在特定的环境中，如果你说错话且难以弥补，那么不妨顺着这个既定的话题说下去，尽量把失误降至最低，从而化解尴尬。

理论指导

人与人之间相处、交往，由于主观的、客观的、人为的、意外的等各方面的原因，有时难免会出现令人尴尬和困窘的局面。例如，你稍不留心说错了一句话或办错了一件事，这时，如果你因此而局促、紧张、惶恐，那么别人可能会受到你的影响；如果你做过多的辩解，可能会降低你在他人心目中的分量。此时，你应当切记，你要用客观的态度对待过失，不必掩饰，更用不着转移目标，不妨顺着这个话题说下去，就地取材，看当时情境中有没有可供自己在话题中借用的事物，尽量把失误往美好的方面引导。

案例一

在一个热闹非凡的婚礼上，正当各位来宾高高兴兴地向新郎、新娘表示祝贺时，一位客人不小心把一只精致的茶杯碰落在地，摔得粉碎。此时，全场一片嘘声，音乐戛然而止，喜庆气氛顿变，由轻松变为尴尬。碰掉杯子的人成为众目睽睽的对象，他感到非常窘迫，新郎与新娘也很难堪，不知如何是好。这种困境如不及时解除，欢乐的婚礼必定会蒙上一层不快的阴影。这时，有个人灵机一动，出人意料地又摔了一只茶杯，大家正感到惊讶时，这人当众说道："一'碎'加一'碎'，这叫岁岁平安。"引得众人哄堂大笑。这大吉大利的语言，解除了困窘局面，婚礼的气氛重新热烈起来。

案例二

在某农村有个风俗习惯，家里来了贵客，要以鸡蛋为敬。有位老汉到妹妹家做客。刚巧在外地读书的外甥女也在家，她主动为舅舅烧火煮蛋。谁知端到桌上，舅舅拿着筷子迟迟不吃。她妈一看，糟了，舅舅碗里是6个鸡蛋。这是当地人最忌讳的，它的谐音是"禄断"。妈妈责怪女儿说："你怎么能给舅舅6个鸡蛋呢？你知道念起来是什么音吗？"

女儿是聪明人，一下子明白了其中的含义。怎么办呢？只见她脑子一转，从容不迫地说："您怎么那样想呢？依我看，一个鸡蛋一个椭圆体，满满的红心白肉。6个鸡蛋象征舅舅已经稳稳妥妥、圆圆满满地度过了60多个春秋。这就是福，合起来就是有福有禄。我再敬舅舅一个鸡蛋。"

女儿说着便从自己碗里夹过一个鸡蛋给舅舅，说："祝舅舅身体健康，等到舅舅70岁生日时，我再来敬鸡蛋，祝舅舅健康长寿。"

一席话，说得舅舅眉开眼笑，成功化解了尴尬。

练习指南

1. 当说错话或做错事时，要迅速搜寻可用之"材"，先解释你之所以那样说或那样做的原因。若对方对你的补救方法仍然感到不满，就要真诚地道歉，请对方原谅你的失误或失礼之处，并保证以后不会再犯。
2. 设置一个故意说错或做错的情景，锻炼应变能力。
3. 想想以前有没有犯过类似的错误，有的话换作现在会怎么化解。

临危不乱，妙语脱围

核心提示

遭遇尴尬时，你可以用巧妙的语言机智地摆脱不利局面。

理论指导

一次，一位司机和领导开车到另一座城市，路途很远。途中司机要下车去卫生间。当时是冬天，很冷。领导看了看外面的天气，再看看离车很远的卫生间，他不想去。司机拔下车钥匙，自行去了。谁想拔下汽车钥匙后，空调就关闭了，可偏偏司机肠胃不适，他进入卫生间后很长时间都没出来。领导坐在车里很冷，因此很不高兴。司机回来后领导就发脾气了，说："你下车拔车钥匙干什么？"司机有苦难言。原来这车的自动锁有些故障，关上门后几秒钟就落锁，司机的车钥匙被锁到车中好几回了。但看到领导冻成那个样子，司机想，现在说车有毛病无疑会让领导认为自己是在找借口。他笑了笑说："现在危险事件那么多，我们干什么事都要防着点。"领导坐在那里苦笑着摇了摇头，但看得出，他的不快已经烟消云散了。

在这个案例中，如果司机实事求是地向领导说这车有什么毛病，很容易让领导认为他是在找借口。

有时候，也许你遇到的情形比这种还要危急，处理不好甚至会影响你一生的命运。其实，生活中的很多境况都会对你不利，需要你用巧妙的语言及时化解，这样你才能把握局势，掌控自己的命运。

练习指南

1. 遭遇尴尬时，不要慌，要冷静思考对策。

2. 多运用联想，把不好直说的事，用类比的方法说给对方听，这样对方更容易理解你的做法。

3. 若不是自己的错，就不要急于认错，而应学会用绝妙的口才化解窘境。

自我解嘲，顺势退出

核心提示

恰当地应用"自嘲"，可以缓解尴尬的气氛。

理论指导

如果"下不了台"的事因自己不慎而发生，那就不能怪罪别人，只能自己承受。这时，可以采用自我解嘲、顺势退出的方法。

某节目主持人在广州主持一场演出。当她走下舞台时，不慎摔倒在地。这时，观众都惊呆了，场面迅速安静下来，所有人都等着看这位主持人该如何收场。只见主持人镇定地站起来，然后面向观众，说："真是马有失蹄，人有失足啊。看来这次演出的台阶不是那么好下的。不过台上的节目非常精彩，不信，你们瞧……"

这位主持人的机智应变折服了观众，她的话音刚落，就响起了热烈的掌声。虽然主持人偶然的失误导致她身陷窘境，但她的智慧却为她挽回了面子。她的高明之处在于，其用自嘲对失误进行了巧妙渲染，又借着"演出"这个题充分发挥，然后迅速将观众的注意力转移到下一个节目上，这样短短两句话，天衣无缝地为自己搭好了台阶。试想，在这样一个轻松的演出场合，如果这位主持人一本正经地为失误向观众道歉，那该多煞风景！

练习指南

1. 别把错误的原因推脱给别人，没人会喜欢为自己的错误开脱的人。

2. 根据犯错场景，使用适当的应对之法。例如，在娱乐场所犯错，可以开个玩笑自嘲一下，这样还可以调动现场欢娱的气氛。

失言后要及时弥补

核心提示

人有失足，马有失蹄。失足了可以再站起来，失蹄了可以重新振作，而人失言了可以用妙语去弥补。

理论指导

一次，某位总统访问巴西，由于旅途疲乏，在欢迎宴会上，他脱口说道："女士们，先生们！今天，我为能访问玻利维亚而感到非常高兴。"

有人低声提醒他说错了，这位总统连忙改口道："很抱歉，我们不久前访问过玻利维亚。"

当那些不明就里的人还来不及反应时，他的口误已经淹没在后来的滔滔大论中了。

这种将说错的地点、时间加以掩饰的方法，在一定程度上避免了尴尬，不失为一种有效的补救手段。

在实践中，遇到这种情况，有三个补救办法可供参考。

1. 移植法

这种方法是指把错误从自己身上移走。例如，你可以说："这是某些人的观点，而我认为正确的说法应该是……"这就是把自己已出口的某句错误纠正过来了，使对方无法认定是你说错了。

2. 引申法

迅速将错误言辞引开，避免在错中纠缠。例如，你可以说："正确的说法应该是……"或者说："我刚才那句话还应做如下补充……"这样就可将错误的言辞引开。

3. 改义法

这种方法是指巧改错误的意义，即当意识到讲错话时，干脆重复肯定，将错就错，然后巧妙地改变错话的含义，将明显的错误变成正确的话语。

练习指南

1. 牢记上述三种失言后的补救方法，并适时运用。
2. 找个人进行对练。双方互相说错话，看如何补救，并彼此评价对方的补救效果如何。
3. 若有随行人员，告诉他们一旦发现你说错话，就马上提醒，以便及时改正。

劝架要一碗水端平

核心提示

劝架要分清是非，客观公正，做到分析中肯，批评合理，劝说适当。

理论指导

一般情况下，正在争吵的双方，由于情绪激昂、怒气炽盛，因此对于出面调解的人往往持有戒备甚至对立的情绪，对他人的调解介入具有抗拒之心。这种情况下，你该如何处理呢？

1. 要了解情况

盲目劝架，讲不到点子上，非但无效，有时还会引起当事人的反感，其会认为："你根本不了解情况，瞎说什么？"因此，我们应先弄清情况再讲话。尤其是面对邻居、同事间原因复杂的争吵，更要从正面、侧面尽可能详尽地把情况摸清，力求把话讲到当事人的心坎上。解绳结就要看清绳结的形状，解除他人心上的疙瘩，就要把疙瘩看透。

2. 言辞要真诚恳切

对冲突的双方，你要先用温和的语言表达自己不希望看到他们发生冲突的意愿，向他们声明想帮助双方化解纠纷的诚意。作为调解人，你的语气不能太生硬，更不能指责哪一方，否则会使双方冲突加剧，或者将自己也变成冲突的一方。

3.对双方各加赞赏

当面调解纠纷时，为了让双方能接受调解人的介入，调解人应让他们觉得自己是公正不阿的，而不会偏袒某一方。这就需要调解人在开始调解之前先附和与赞同双方的观点，避免其中一方把自己放在对立面上。先对双方的主张表示赞同，有助于消除其戒心，把调解人当作自己人来看。如果双方都认为调解人是值得信赖的，是公平、正义的代言人，那么就会愿意接受调解人的介入，倾听调解人的劝解。

4.要分清主次

矛盾有主次，吵架的双方也有主次之分。劝架不能平均使用力量，应对措辞激烈、吵得过分的一方做重点工作，这样有助于平息纠纷。如果不分主次，平均使用力量，效果可能不佳。

5.要客观公正

劝架要分清是非，客观公正，不能无原则地"和稀泥"，不分是非各打五十大板，而应实事求是，既要弄清是非，又要团结各方。

练习指南

1. 劝架之前，最好先将矛盾双方隔离开，让双方冷静下来，以防发生激烈冲突。

2. 无论某一方是否有理，都不可以强行压制，否则会让其觉得你处事不公。

第 9 章

辩论口才

用比喻增加辩论的说服力

运用比喻来说明事理，辩论是非，不仅言简意赅，能增强说服力，而且更显幽默生动。

理论指导

在辩论中，往往会遇到简单几句话说不清楚的问题，一是时间短，不允许长篇大论；二是即使有时间作充分的说明论证，也不一定能让人接纳你的观点。聪明的人会想到一些辩论的方法，其中喻证法在说理辩论中有着独特的作用，不仅可以使抽象的事物具体化，使深奥的道理浅显化，而且能增强说理辩论的形象性、逻辑性和说服力，同时启发人们丰富的联想。

喻证法使用的语言修辞手法主要是比喻。认真看一看下面的例子，相信一定会让你受益匪浅。

我国某法学家在国外参加一个外交界的宴会，席间有位夫人问该法学家："听说贵国的男女有不少是凭媒妁之言，双方没有经过恋爱就结成夫妻，这样会造成很多悲剧吧？像我们，都是经过长期的恋爱，彼此有深刻的了解后才结婚，这样多美满啊！"

这是一个很难论述清楚的问题，它涉及我国几千年的婚姻文化传统习俗，而且，时间上也不便深入辩论。

这时，法学家笑着回答："这好比两壶水，我们的一壶是冷水，放在炉子上逐渐热起来，到后来沸腾了，所以中国夫妻间的感情，有些起初很冷淡，而后面慢慢就好了起来。而你们就像一壶沸腾的水，结婚后就逐渐冷却下来，听说贵国的离婚率比较高，莫非就是这个原因吧？"

只此一言，就把两国的婚姻文化差异比较得清清楚楚，比喻手法的灵活运用，使深奥复杂的社会问题变得简单明了、有血有肉起来。相信那位夫人很难再反驳了。

总之，在辩论过程中，如果无法直接反驳对方，那么可以巧妙运用比喻的方法来生动地说明问题，让问题简洁易懂。

练习指南

1. 针对不好回答的问题，可以打个众所周知且大家都认可的比喻进行说明，以让人信服。
2. 比喻必须和事件有某种内在的必然联系，否则别人可能无法理解。
3. 运用比喻手法时，切不可含沙射影地伤害对方，否则就会激起对方的愤怒情绪，使说服工作变得更加困难。

避实就虚，灵活应对

核心提示

辩论中要学会避实就虚，灵活取胜。

理论指导

俗话说："欲速则不达。"急于说服对方，往往会让对方心生抵触，任凭你嘴皮磨破也不为所动，以致预先制定的战略无法奏效。这时不妨退一步，"以退为进，避实就虚"，绕开双方争执上的是非对立之处，从更易攻破对方之处入手，这种策略在辩论场上常常用到。

辩论并不是要把没理说成有理，它是一种集知识、思辨、技巧于一体的带有对抗色彩的智能性活动。辩论比的是双方的脑力、智力，是在辩论方法和技巧上分出高下。因此，对于那些约定俗成及人所共知的常识、认识、立场、观点，要勇敢地加以肯定。对真理的肯定，绝不会令你在对手面前稍逊一筹，相反会使你的立论更加有理有据、无可挑剔。

许多领袖人物都称得上是打破僵局的大师。他们往往只用几句轻松的调侃，就可以消除紧张的气氛，并令对手折服。

1984年，里根为了竞选总统，与对手蒙岱尔进行电视辩论。蒙岱尔自恃年轻气盛，抓住里根年龄大的弱点不放，竭力攻击，想以此激怒里根。如果里根一时激愤，破口大骂，以牙还牙，那么他沉稳持重的长者形象就会彻底破灭，他必将在全国观众面前颜面全无。但里根不愧是久经沙场的政坛老手，面对蒙岱尔的挑衅他没有勃然大怒，也没有逆来顺受，而是以他独有的幽默语言，用不屑一顾的口气回击道："蒙岱尔说我年龄大，精力不充沛，但我想我是不会把对手年轻、不成熟这类问题在竞选中加以利用的。"

辩论时双方你来我往，互不相让，僵持局面时有发生。在这种情况下，如果双方还是寸利必争，逞口舌之利，其结果往往是两败俱伤。此时就看哪一方能审时度势，避实就虚，把对方凌厉的攻势一一化解，创造辩论的更高境界。

练习指南

1. 辩论中要随时控制情绪，不可一听到攻击就激愤难当地以牙还牙。

2. 辩论前，先搜集对方的劣势，当遭受攻击而又一时找不到回击之语时，可以拿对方的劣势做暂缓之语来应对。例如，对方若年纪比自己小，无论对方在辩论中说什么，你都可以用"你还是太年轻"等话语来应对，并趁机酝酿反击策略。

3. 找一个朋友陪练，刻意练习"避实就虚"的辩论技巧。

釜底抽薪，直击要害

核心提示

当遇到咄咄逼人的对手时，要学会釜底抽薪，击中对方的要害。

理论指导

辩论双方所持的论题，都是由一定的论据支持的，如果将一个论题的根据——论据抽掉，那么，论题这座大厦就会轰然倒塌。

锅里的水沸腾，是靠火的力量，而柴草则是产生火的原料。止沸的办法有两种：一是扬汤止沸；二是釜底抽薪。在许多情况下，仅凭话语难以弄清楚的问题，借助一些具体的动作行为，就可以明辨真假。这是因为动作行为具有强烈的直观性，它的真假当场就可以验证，具有不容置疑的雄辩力量。

我们有时可以直接指出对方论据的虚假，但当情况还不明朗时，可以创造条件，戳穿对方虚假的论据。其要领是以某种行为为论据，同时辅以一定的语言叙述进行论证。

有一天，李老头家丢了一头60多斤的猪，他怀疑是邻村的一位村民偷的，于是把官司打到县衙。听完原告申诉，知县问被告原告所说是否属实。

村民说："猪走得慢，偷猪人怕被发现，是不敢在地上赶猪走的，所以他们总是将猪背在肩上偷走。您看小人瘦骨嶙峋，手无缚鸡之力，如何背得动这头肥猪呢？"

知县打量了他一会儿，说："确实如此，看来你是清白无辜的，本县可怜你家贫困，这样吧，现在赏你一万钱，回家好好做点小本生意，切莫辜负我的一片苦心。"

村民得钱，连连磕头谢恩，把钱理好后，就麻利地背在肩上，转身要走。知县突然喝道："且慢！被告，这一万钱可不止60斤吧？"

村民一愣，掂了掂说："嗯，差不多。"

知县冷笑道："你既说手无缚鸡之力，怎么如此重的钱像没什么分量似的背上就走？可见那60斤重的猪你也是背得动的。"

村民无法抵赖，只好招认罪行。

无论是在谈判桌上还是在辩论台前，都会碰到咄咄逼人或是气势汹汹的对手，其语言攻势如同锅中热水，很快就达到沸沸扬扬的程度。面对这种情况，舌战的当务之急是抑制对方逐渐高涨的气势，而抑制的方法就是抽去"锅下的柴火"，从根本上解决问题。

练习指南

1. 辩论中时刻审视对方的论据，并伺机给其致命一击。

2. 当对方的论据只露出一点点错误的苗头时，先别出手，而应引导对方往更错的方向去，待时机成熟后再釜底抽薪，直击要害。

绵里藏针，软中带硬

核心提示

学会使用绵里藏针的辩论技巧，该软则软，该硬则硬。

理论指导

在辩论时，先说软的，可以在强敌面前取得进一步辩论的机会；再说硬的，就可以起到威慑的作用。软的为绵，硬的为针，是为绵里藏针。

这种方法的运用如同喂小孩子吃苦药，要用糖衣包着药片，或者就着糖水送服，招数因人而异，窍门却一通百通。

庄重显力量，风趣显风度。在辩论中，如果能做到既庄重又风趣，那么对方可能会无力招架，甘拜下风。庄重为绵，风趣为针，也是一种绵里藏针。

春秋时期，晋灵公奢侈腐化。某年，他下令兴建一座九层高的楼台，群臣劝阻，他均不听，又下了一道"敢劝阻建九层台者斩首"的命令。这样一来便没人敢劝谏了。

有一个叫孙息的大臣很讨晋灵公喜欢。他告诉晋灵公其能把九个棋子摞起来，上面还能再摞九个鸡蛋。晋灵公听了，觉得这事儿挺新鲜，立即要孙息露一手让他开开眼。孙息也不推辞，就把九个棋子摞在一起，接着又小心翼翼地把鸡蛋往棋子上摞，放第一个，第二个……

孙息自己紧张得满头大汗，战战兢兢，看的人也大气不敢出一口。如果孙息不能把鸡蛋摞好，就犯了欺君之罪，是会被杀头的。

这时，晋灵公憋不住了，大叫："危险！"孙息却从容不迫地说："这算什么危险，还有比这更危险的事呢！"晋灵公被勾起了好奇心，问道："还有什么比这更危险的？"

孙息便掂掂手中的鸡蛋，慢吞吞地说："建九层台就比这危险百倍。如此之高台三年难成，三年中要征用全国民工，使男不能耕，女不能织，老百姓没有收成，国家也穷困了。一旦国家穷困，他国便会趁机打进来，大王您的社稷也就完了。您说这能不比往棋子上摞鸡蛋更危险吗？"

晋灵公听后吓出了一身冷汗，立即下令停止建台。

孙息让晋灵公看了场不成功的杂技表演，更对他进行了一次形象生动的教育，使晋灵公意识到九层台的危险，下令不再修建。

绵里藏针，话里藏话，说话者要委婉含蓄地表达自己的意思，话要说得很艺术，让听者心领神会，明白你话中的锋芒。

练习指南

1. 在使用绵里藏针这种交谈方法时，要做好充足的铺垫。这样在亮出观点时，才会更合理、更自然。

2. 辩论之前，先列出最"软"与最"硬"的限度。

3. 在辩论中，软硬与硬软要互相结合使用，该软时要软到极致，该硬时要硬到极致，让对方无所适从。

掌握破解悖论的方法

核心提示

学会使用"悖论破解法"击败论敌。

理论指导

悖论，是一种奇特的逻辑矛盾。悖论的奇特之处在于当人们按常规推理，要肯定某件事或某种道理时，却在不知不觉中将其否定了。

在辩论中，某些论敌的辩词往往有意无意会含有悖论的因素，此时你若能慧眼明察，加以利用，并以此为突破口，巧妙地予以破解，就可能使论敌难以自圆其说而被击败，这就是辩论中的"悖论破解法"。

"悖论破解法"一般来说有以下三种。

1. 用对方自我涉及的方法使其作茧自缚

一般的悖论，如果不涉及对方自我，往往不易发现其悖谬，而一旦把对方牵涉进去，则悖论立现。用对方自我涉及的方法来使其作茧自缚，是破解对方悖论的妙招。例如，某评论家评论某作家的作品，武断地说："您怎么能这样写呢？您已经是第三次在作品里这样描写了。难道您不知道'第一个把女人比喻为花的人是天才，第二个是庸才，第三个是蠢材'这句名言吗？"作家答道："是的，您说得很对。不过，您已经是第七次使用这句名言了。"

在这里，评论家引用名言来批评作家屡次在作品中作相同的描写，而作家及时抓住评论家多次用此名言去批评别人的把柄，让对方自我涉及，如果对方所讲的道理成立，那么其也就是名言中所说的"庸才"和"蠢材"。如此，对方肯定无言以对。

2. 用二难推理形式揭穿对方悖论的逻辑错误

凡是悖论，都隐含着自相矛盾的逻辑错误。破解对方的悖论，可以运用二难推理形式揭穿对方悖论中自相矛盾的地方，使对方陷入进退两难的境地。有位诡辩学者主张"辩无胜"。对此，一位哲学家反驳道："你们既然和人辩论，又主张'辩无胜'之说，那么请问，你们的'辩无胜'之说是对的还是不对的呢？如果你们的说法是对的，那就是你们辩胜了；如果你们的说法是不对的，那就是你们辩败了，而别人辩胜了。由此可见，不是你们辩胜，就是别人辩胜，怎么能说'辩无胜'呢？"

在这里，哲学家慧眼识谬，机智地运用了二难推理形式，揭穿了对方"辩无胜"一说的矛盾之处。

3. 用肯定其美言的方式揭露对方言行相悖

现实生活中，有的人说话冠冕堂皇，然而其所作所为，与其所讲之言相距甚远，这是一种言行相悖的悖论。在辩论中，如果遇到这种情况，可以先极力肯定，赞美对方所说的美言，再以其美言反击其丑行，达到揭露其心口不一、言行相悖的目的，使其不得不收敛丑行。

练习指南

1. 掌握本文提到的这三种悖论破解法，并适时运用。

2. 和熟悉的人练习悖论破解法，并从中总结悖辩论解之道。

借题发挥的辩论技巧

核心提示

巧用借题发挥的方法击败论敌。

理论指导

接过对方的话题发挥辩论口才，关键是要抓住借来的话题与自己说的下文之间的联系，以一个词语或一句话来关联两种原来毫不相关的事物，使语句具有双重意义，并对对手所提的话题进行易位，以借题发挥的方法摆脱被动处境。

在辩论中，当对方故意刁难时，你要善于抓住机会，或接过对方的话头，或借助辩论环境中的各种事物、场景加以联想，找到它们与自己所要表达的观点之间的关联性和相似性，抓住一点尽情发挥，引出对方未曾预料到的新的思路，从而达到征服对方的目的。这就是借题发挥的辩论技巧。

这种技巧运用得好的人，可以借对方的话题来封住对方的嘴。

明朝绍兴知府的小公子某天抢了一个小孩的毽子，把人家惹哭了，刚好徐文长路过，就把毽子从小公子手里夺过来，归还给那个小孩。谁知小公子由于平时娇宠惯了，哪受过这样的气，就开始大哭大闹起来，还说徐文长欺负他。于是，家丁就把徐文长押上堂去面见知府。知府厉声喝道："你欺侮我的孩子，就是目无本知府，你可知罪？"徐文长冷笑道："据我看，大人您才是不知罪呢！"知府大喝道："我有何罪？"徐文长说："你家小公子一早在踢毽子，大人谅必知道这毽子上有羽毛，下有铜钱，铜钱上印的是嘉靖皇帝年号。小公子如今竟然手提毫毛，脚踢万岁，这岂不是欺君罔上？常言道：'子不肖，父之过。'大人又该当何罪？"徐文长这一招果然厉害，他针对知府借题发挥的做法，借来了更大的题——脚踢万岁，来吓唬知府，使知府无论如何也吃不消如此"大罪"。知府不得不赶忙赔笑道："好吧好吧，大家谁也不要为难谁吧！"徐文长这才罢休。临走的时候，知府还客气地把他送出衙门。

在辩论时，双方往往会各不相让，如果不能给对方以有力的打击，己方就会一直处于被动挨打的局面。只有抓住对方话题中的错漏，然后用锋利的言辞驳斥对方，才能一招制敌。

练习指南

1. 只要认真观察、思考，总能找到对方的错漏之处。
2. 借题发挥需要夸大某种危害或作用，以强调其所带来的重大影响。
3. 在身边找一个辩手，刻意练习借题发挥的辩论技巧。

让辩论有个圆满的收场

核心提示

辩论是激动人心的，但无论胜负与否，辩论总会结束，结束时也应有个圆满的收场。

理论指导

无论辩论场面怎样，都是社会生活的一部分，是人际交往的一种方式。一味地盯住辩论的输赢，忽略收场，往往会使辩论变质，导致人际关系紧张。

1. 以胜收场

作为胜方，要善于观察，积极主动地缓和剑拔弩张的气氛，可以自我调侃一下，给对方留些面子；而不要盛气凌人，步步紧逼，引起对方反感。

胜辩者收场时还应顾及对方的秉性、人格。君子辩败不以为介，非君子则可能怀恨在心，寻机报复。遇到这种人，胜辩者不妨切断其报复的后路，迫使对方显示出大度，冲淡其尴尬。

2. 以败收场

作为败方，也负有配合收场的责任，不要失去理智，连人格也输给对方。如果败方能主动承认实力不济或观点错误，则可显示其高风亮节，令胜者钦佩。

你只有及时从辩论氛围中跳脱，反思全过程，用得体的言辞协调各方关系，才能使辩论成为益人才智、增进彼此了解和维护自身利益的有益活动。

练习指南

1. 当你以胜收场时，切记不可盛气凌人，而应以谦逊的姿态示人。必要时，可以说些"承让承让""我是侥幸取胜"等场面话，不让对方感到丢面子。

2. 当你以败收场时，不可气急败坏，而应大度地祝贺对方。胜败乃兵家常事，输了比赛没关系，但不能输了人格和品行。

3. 在重要辩论前，找个熟人演练一下胜负两种可能的收场方式，以防临场失控，说出不妥的话。

第 10 章

演讲口才

演讲前先打好腹稿

核心提示

在某些场合或突发事件中，常常需要你临时当众发言，这种情况下是没时间写演讲稿的，但你一定要在很短的时间内打好腹稿，以免临场慌乱。

理论指导

演讲前，怎样才能打好腹稿呢？你可以从以下几方面入手。

1. 浓缩讲话内容

对于训练有素和有经验的发言者来说，在讲话前的短暂时间内，他们就能根据现场的情况确定讲话的中心内容，以及先说什么，后说什么。对于经验不足的发言者来说，讲话前可将内容高度浓缩，进行要点提炼，以免遗漏重要事项。例如，在本单位体育比赛颁奖大会上作即席讲话，其主要内容应包括以下几点：

（1）向获奖的集体和个人表示祝贺，向教练员、工作人员表示感谢；

（2）说明举办这项活动的意义；

（3）号召全员向运动员学习；

（4）希望今后继续举办等。

发言者可以用"祝贺""感谢""意义""学习""希望"等词语对上述讲话内容进行概括，作为讲话主干。

2. 提炼好观点

如果话题是"圆",那么观点就是"圆心"。观点要正确、鲜明、集中。与话题无关的观点,会使讲话跑题;与话题相悖的观点,会使讲话自相矛盾。观点是即席讲话的核心,应贯穿于讲话的始终,在讲话中起着纲领性的作用。观点要相对集中,不讲与话题无关或关系不大的内容;观点可以有多个,但必须分清主次,明确先后,抓住主要观点将其讲深、讲透。

3. 组织好句群

句群也叫句组,是一篇演讲稿的基础。一个句群有一个明确的意思,称为"意核",它可以将几句话联结成句群。如果我们准备几个"意核",发挥成句群,即席讲话的腹稿也就出来了。因此,即席讲话前可先想好几个"意核"。如果你被邀请参加一个乡镇企业改革工作会,并请你作即席讲话,你就可以先列出一组"意核":

(1)这次会议很重要;

(2)会议有几个特点;

(3)突出抓好几个环节,如下大力气抓好企业产权制度改革,切实加大管理力度,大力开拓国内外市场,切实抓好技术改造等工作;

(4)切实抓好落实工作。

然后,从容不迫地边想边说。有的讲话可分成几大段,每段又分几条,每条定几个"意核"。围绕这些"意核"展开、补充、联想、举例,这样就可以使即席讲话有条不紊。

4. 遵循基本步骤

美国公共演讲问题专家理查德曾推荐了一个精选腹稿结构模式。他认为即席演讲应分为四个步骤进行。

（1）喂，喂！这两个"喂"的意义在于，要在最开始就激起听众对演讲内容的浓厚兴趣。理查德主张开口直接用生动典型的事例说明，点出主题。

（2）阐述演讲与听众的关系。这部分应向听众讲明为什么要听你的演讲，演讲的内容要使听众感到与自己有直接的利害关系，产生紧迫感。这样更易于吸引听众。

（3）举例。通过举例把论点形象、简洁地印入听众的脑子里。生动的事实列举，不但能深化记忆，激发兴趣，还能开拓主题。

（4）怎么办？这是最后一步。在这一步，一定要告诉听众你谈了大半天是想让大家做些什么，这部分最好讲得具体一些。

练习指南

1. 重要演讲前，先提炼"意核"，并将"意核"烂熟于心。

2. 在小范围内（如家庭或小团队内部）演练本文推荐的即席演讲的步骤。刚开始时对自己的要求不要太高，要学会围绕讲话提纲，在有限的时间内，抓紧时间打一个腹稿。如果讲起来方寸不乱，可以从容发挥，没有明显的语病，这次演练就算成功了。

追求"演"与"讲"的和谐统一

核心提示

演讲时，要追求"演"与"讲"的和谐统一，既不能光"演"不"讲"，也不能光"讲"不"演"。

理论指导

演讲是演讲者在特定的时境中，借助有声语言和态势语言的艺术手段，针对社会的现实和未来，面对广大听众发表意见，抒发情感，从而达到感召听众并促使其采取某种行动的一种现实的信息交流活动。那么，演讲具体都有哪些特征呢？

1. 现实性

演讲属于现实活动范畴，不属于艺术活动范畴，它是演讲者通过对社会现实的判断和评价，直接向广大听众公开陈述主张和看法的一种现实活动。

2. 艺术性

这里所说的艺术性是指现实活动的艺术。它要求现实活动具有统一的整体感和协调感，即演讲中的各种因素（语言、声音、表演、形象、时间、环境）形成的一种相互依存、相互协调的美感。演讲不仅是现实活动，它还具备戏剧、曲艺、舞蹈等艺术门类的某些特点，并将其与讲话融为一体，形成具有独立特色的演讲活动。

3. 鼓动性

没有鼓动性，就不能称为成功的演讲。无论是政治演讲还是学术演讲，都需要具有鼓动性。为什么这样说呢？原因如下：

第一，正直的人都有追求真善美的渴望，演讲者传播了真善美，自然会引起共鸣，从而激励和鼓舞听众；

第二，演讲者以自己炽烈的感情去引发听众的感情之火，容易达到影响听众的目的；

第三，演讲者的形象、语言、情感、态势以及演讲的结构、节奏、情节等均能抓住听众；

第四，演讲的直观性使演讲者与听众直接交流，极易感染和打动听众。

可以说，鼓动性是演讲成功与否的一个标志。

4. 工具性

演讲是人们交流思想的工具。任何思想、任何学识、任何发明和创造，都可以借助演讲这个工具来传播。可以说，演讲是一种经济、实用且方便的传播工具，任何人都可以使用它。

练习指南

在练习演讲的过程中，以下两点值得注意。

第一，有的演讲者只"讲"不"演"，只注重演讲的实用性而忽略了演讲的艺术性，使演讲不伦不类，干巴而枯燥，因而削弱了演讲的效果。

第二，有的演讲者一味地"演"，追求相声、评书、朗诵、故事等其他艺术表演形式，冲淡了演讲的现实性、实用性和严肃性，显得非常滑稽，起不到演讲应有的作用。

这两点都需要演讲者认真对待并努力克服。

即席演讲重在紧扣演讲主题

核心提示

抓住即席演讲的主题，掌握即席演讲的特点。

理论指导

即席演讲就是即"时"兴讲、即"事"兴讲，寻找"触媒"，临场引发。临场引发既可以从听众所关心的问题引发，也可以根据场地的大小、布置、标语等方面引发；可以按天气、时令、突发事件引发，还可以根据前面演讲者的内容引发。

即席演讲最突出的特点是即时性。它是激情的喷涌，心灵的闪耀；是睿智的迸发，思想的火花；是认识的展现，能力的外化。即席演讲最大的难处是无话可说，有话难说。无话可说是因为知识贫乏，"储存"太少；有话难说则是因为没有组织好素材，没能理清线索。那该怎样解决这一问题呢？

1. 破竹展开法

这种方法是以演讲主题为中心逐层展开。例如，即席演讲的主题是"过马路请小心"，那就可以先讲因过马路不小心而造成的悲剧，由此告诫大家要加强安全意识，遵守交通规则。这样能使演讲整体有序，即使各小节不能及时准备，但有主线串联，演讲也有话可说。

2. 正反用例法

围绕题目可先选取一两个正面事例，然后再选取一两个反面事例。这样正反交错，能较好地过渡与组织演讲素材。

3. 平行组合法

有些即席演讲如果从理论方面讲会晦涩难懂，那就不妨多用事例来组合。在事例较多的情况下，可把这些事例进行编排，然后按时间顺序或位置逐个说出，再适当进行总结，使其上升到理论高度。

4. 层层递进法

在一些较短的即席演讲中，可以用关键词把演讲素材连起来，以展开思路。例如，"男子汉的风采"一题可以想到如下思路：男子汉不但能怎样，还能怎样，又能怎样，更应该怎样。这样就能取得较好的演讲效果。

5. 纵向扫描法

紧扣演讲题目或情境，从纵向角度，按时间的顺序组材：过去怎样，现在怎样，以后又怎样。

在具体演讲中，以上几种方法可以交叉运用、协同进行。

这些方法只不过是应急，真正要做到锦心绣口、妙语如珠，还需要平时知识的积累及各方面的综合演讲训练。

练习指南

1. 掌握即席演讲的特点，定期进行即席演讲训练。

2. 掌握本文介绍的解决演讲时无话可说的五种方法，并自选某一特定主题逐一演练。

3. 演讲全程应紧扣主题，不可散乱无章。

演讲语言务求简洁

核心提示

演讲要语言简洁，尽量多用短句，少用长句。

理论指导

语言简洁生动、一语中的、含义深刻，这不仅是演讲口才的基本要求，也是演讲口才的至高境界。

法国前总理洛朗·法比尤斯是这方面的楷模，他曾在一次演说时以短短的两句话说服了大家，他说："新政府的任务是实现国家现代化，团结法国人民。为此我诚恳地要求大家保持平静和表现出决心，谢谢大家。"他的语言真诚，措辞委婉，表达精辟。

这就是简洁的力量。好的演讲总是字字珠玑，简练有力，使人不减兴味。

言不在多，很多演讲大师驾驭语言的能力都是非凡的，他们用简洁的语言诠释着演讲的艺术，是我们学习的榜样。

在演讲中，你要想做到语言简洁，在注意句式变化的同时，应多用短句，少用长句。长句虽然能够表达缜密的思想，委婉的感情，但是其结构比较复杂，如果处理不好，不但演讲者觉得吃力，听者也不易理解。而短句的表达效果活泼明快、简洁有力。由于活泼明快，就可以干脆地叙述事情；由于简洁有力，就可以表达紧张、激动的情绪以及坚定的意志。因此，易说易听的短句，更适合用在演讲这种重要的场合。

练习指南

1. 演讲之前，应先把演讲稿上的文字精简一下，尽量不要出现啰唆的语言。

2. 演讲过程中，尽量少使用书面用语，争取多使用一些接地气的日常用语。

3. 在演讲时即使思维短路，不知道下面该讲什么，也不可口不择言地乱说，而应减缓语速，理清思路，向主题靠拢。

培养应变和控场能力

核心提示

演讲过程中要学会应变，加强控场能力。

理论指导

演讲者要想取得良好的演说效果，还应该具有应变和控场能力。即善于临场观察听众表情，调动听众情绪，把握听众的心理变化、兴趣要求，及时修正、补充自己的演讲内容，为演讲的成功打下良好的基础。

对于现场出现的突发事件，大多是演讲者事前没有预料到的，这就需要演讲者临场发挥，以避免出现尴尬的局面。

美国大律师赫尔有一次为当事人辩护，他不小心摔倒在台角，衣服撕开了口，帽子也掉了。出现这样的情况是很尴尬的，本来听众应该安静，表示同情，可下面却爆发出笑声、掌声和口哨声。这时，赫尔很镇静地走到中间，微笑着向听众说："对不起，各位，此时此刻，我太激动了。一是为我的当事人，二是为了大家。我激动得手足无措。衣服破了不要紧，帽子掉了也不要紧，只要真理在我心。"

赫尔面对听众的不友好，没有针锋相对，而是及时化解了。他的话一出口，台下便爆发出热烈的掌声，此时的掌声是听众发自内心的称赞。赫尔用得体的言行，赢得了人们的尊重。

那么，一个出色的演讲者需要具备哪些应变与控场能力呢？

1. 控制感情，掌握分寸

当发生意外情况时，你要镇静，要保持良好的心态，控制感情，掌握分寸；不要在讲台上惊慌失措，更不要因急躁而冲动行事。

2. 从容答题，妙语解脱

演讲时，常有听众提出尖锐的问题，欲把你"逼上绝路"，这时应该怎么办呢？你要学会从容地回答听众提出的问题，特别是那些十分尖锐的问题。如果采取压制的方法，发火批评，喊"别吵了，安静下来"，那么只会使自己陷入窘境。你不妨采用以诚相待、妙语解脱的办法，变被动为主动。

3. 巧妙穿插，活跃气氛

如果会场沉闷，你要尽快调节，巧妙穿插，活跃气氛。使用穿插的方法，除了可以把事理说得更加形象、深刻外，还可以活跃现场气氛，提高听众的兴趣。例如，讲个笑话、讲个故事、谈点趣闻、唱首歌等。

4. 将错就错，灵活处理

演讲时难免会说错话，一旦出错，要忌讳两点：一是搔头挠耳；二是冷场过久。有人通过观察得出这样一个结论：在演说过程中冷场 15 秒以上，听众中会有零星笑声；冷场 30 秒以上，会有少数听众的笑声；冷场时间再长一点，听众就会普遍表现出不耐烦了。

演讲过程中，如果出现漏了个别字句的小错误，只要无伤大雅，不予更改为好。如果是讲了一段之后突然忘了下一段该说什么，那该怎么办？第一，就地换掉话题，借用上段结尾中的句子来发挥；第二，向听众提出问题，如果大脑一片空白，那么可以临时编一段较完整的结束语，礼貌地结束演讲。

练习指南

1. 在演讲时，常会出现各种问题，对此演讲者要学会控制会场的氛围，加强调配互动的能力。

2. 对演讲中常见的事件，应在演讲之前制定相应的防范措施。

3. 不要把意外事件当成"灾难"，而应把它当成展现自己综合能力的良机。

付出真情，化解敌意

核心提示

学会用真情化解敌意，不要因一时的愤怒而激化矛盾。

理论指导

伍德罗·威尔逊曾说："假如你握紧双拳来找我，我会不甘示弱。但是，若你告诉我'让我们坐下来讨论一下，看看问题的症结在哪里'，我想我是可以接受的。我们也许只在部分观点上不一致，但大部分还是一致的。只要彼此有耐心，开诚布公，还是可以达到步调一致的。"

当你被人激怒，并且在说了一大堆气话之后，你消除了自己的愤怒情绪，得到一些放松，但是激怒你的人会接受你的一吐为快吗？你那充满愤怒的声调、敌对的态度，也不能使对方认同你。这样做的结果只能是彼此失掉和气，甚至会反目成仇。对此，你不妨以富有人情味的方式化敌为友。

1915 年，小约翰·洛克菲勒还是科罗拉多州一个不起眼的人。当时，发生了美国工业史上很激烈的一次罢工，持续长达两年之久。愤怒的矿工要求科罗拉多燃料钢铁公司提高薪水，小洛克菲勒正负责管理这家公司。由于群情激愤，公司的财产遭受破坏，政府为此派出了军队。

当时的情况非常糟糕。后来，小洛克菲勒赢得了罢工者的信服，他是怎么做到的呢？

小洛克菲勒花了好几个星期结交朋友，并向罢工者代表发表演说。那次的演说可谓精彩绝伦，不但平息了众怒，还为他自己赢得了不少赞赏。演说的内容如下：

"这是我一生当中最值得纪念的日子，因为这是我第一次有幸能和员工代表见面，还有公司的行政人员和管理人员。我可以告诉你们，我很高兴站在这里，有生之年都不会忘记这次聚会。假如这次聚会提早两个星期举行，那么对你们来说，我只是个陌生人，我也只认得少数几张面孔。从上个星期以来，我有机会拜访了整个南区矿场的营地，并私下和大部分代表交谈过。我拜访过你们的家庭，与你们的家人见面，因此现在我们不算是陌生人，可以说是朋友了。基于这份互助的友谊，我很高兴有这个机会和大家讨论我们的共同利益。由于这个会议是由资方和劳工代表所组织的，承蒙你们的好意，我得以坐在这里。虽然我并非股东或劳工，但我深觉与你们关系密切。从某种意义上说，我也代表了资方和劳工。"

这是多么出色的演讲啊！假如小洛克菲勒采用的是另一种方法，与矿工们争得面红耳赤，用不堪入耳的话辱骂他们，或用话语暗示错在他们，用各种理由证明矿工的错误，结果又会如何呢？那样只会招惹更多的矛盾和怨恨。

练习指南

1. 当听众有敌对情绪时，演讲用语一定要注意，不可使用任何一个可能会激怒听众的字与词。

2. 演讲若是以化解矛盾为目的，那么在演讲之前，最好先与部分听众有过沟通，在取得部分听众支持或认可的情况下，再站在他们的角度，为他们的利益着想，用真诚与付出化解隔阂。

3. 演讲时不可表现出高傲的姿态，当然也不必卑躬屈膝。

适度停顿，引发听众思考

核心提示

在演讲中，你要学会适时停顿的技巧，但停顿的时间不能太长。

理论指导

在演讲时，有时无声语言更能表情达意，适度停顿更能引人注意。停顿是一种无声语言，吸引人的演讲不一定是一气呵成的，而应适当地停顿、静默，然后多转折、多变化。

林肯经常在演讲中停顿。当他说到一项要点，而且希望听众能在脑中留下极为深刻的印象时，他就会倾身向前，望着听众，一句话也不说。这种突如其来的沉默和突如其来的嘈杂声具有相同的效果，都能够吸引人们的注意力。这样做，可以使听众警觉起来，注意倾听演讲者下一句说什么。

有意识地停顿不仅能使讲话层次分明，还能突出重点，吸引听者的注意力。适当地停顿，能使前后内容互相照应。只有条理清楚，你的话才具有说服力并表现出较强的逻辑性，使别人佩服你讲话的老练和娴熟。如果不懂得适时停顿，滔滔不绝地一直讲下去，就会让人有急促感，觉得你的演讲没有力度。

当你转换语言、提出重点、总结中心思想、概括主要内容时，需要适时停顿，而静默的时间一般不要超过 11 秒。特别需要停顿的地方，也不宜超过 30 秒。

此外，当你想表达内心的激情时，讲话应抑扬顿挫。所以，停顿不仅是声音的静止，也是一种心灵之语，它往往要配合动作。例如，低头沉思、双手握拳做激动状，说到关键处，要双目凝视、深深叹息、皱紧双眉做痛苦状或抬头仰望天空等。

做以上动作时，你一定要自然，切莫让别人以为你是故作惊人之状，这样反而会失去"停顿"所特有的效果。

练习指南

1. 演讲中的停顿，是适时的停顿，比如在转换语言、提出重点、总结中心思想、概括主要内容时停顿，而非想停顿就停顿，更不是因不知道说什么好而停顿。

2. 停顿是为了引发听众思考，而不是故弄玄虚。

3. 停顿时，演讲者要时刻观察听众的反应，若有一部分人感到不耐烦了，就要及时把话接上去。

演讲时突然"卡壳"怎么办

核心提示

当演讲出现"卡壳"时，演讲者要及时采取一些合理的应急措施，摆脱这种尴尬的局面。

理论指导

我们有时会看到这样一种情形：有的人在台上演讲，中间突然讲不下去了，整个人就像木头一样愣在那里。

事实上，在演讲中出现"卡壳"，甚至讲不下去的情况，并非什么稀奇事，许多人刚开始演讲时都会碰到这种情况。

当然，造成这种情况的原因主要还是缺乏自信心。此外，准备不充分，对观众、环境不熟悉，不太适应，也会使演讲者感到十分紧张，从而出现"卡壳"的情况。那么，怎样才能在演讲中避免"卡壳"呢？

1. 调节情绪，学会放松

演讲能否正常发挥，取决于演讲者是否有好的情绪。演讲者一定要放下包袱，调节好情绪，让自己处于放松的状态。例如，说说笑话、听听音乐、看看漫画等，都能调节情绪。上台的最后时刻，你可以做一下深呼吸，抛掉所有的杂念，这样就会放松多了。

2. 做到"目中无人，心中有人"

看到台下黑压压的听众，有的演讲者往往会吓得浑身发抖、手足无措，这是"卡壳"的一个重要因素。为了消除这种恐惧感，你不妨自我肯定、自我欣赏一下，做到"目中无人，心中有人"。你可以暂且"藐视"台下的人，甚至把他们当作"一无所知"的人，唯有听你娓娓道来，他们才会"开窍"。如此一来，你的恐惧感自然会消失。

3. 全身心地投入到演讲中去

从你走上讲台的那一刻起，就不要再想什么"成败在此一举"与"轰动效应"的事了，你所要想的应该只有演讲本身，别的一概不用想，全身心地投入到演讲中去，这样才有可能获得成功。

4. 声音要响亮

在演讲时，你一张口声音就要大一点，来个"先声夺人"。说话的声音响亮了，自己也容易稳定下来。在演讲过程中，你应当把握整体，思路先行，大胆且毫不迟疑地讲下去。一旦你的演讲进入良性循环的运行轨道，演讲的成功就能预见了。

5. 提前处置，沉着应变

要做到临危不乱，就需要有高超的应变能力。如果你预感到要"卡壳"，那么可以提前减速，插入几句题外话，力争绕过暗礁。如果你脑子里的记忆信号系统全部乱套了，就应该当机立断丢掉之前的框架，放慢语速，边回忆边重新组织语言。如果你无可挽回地忘词了，就要在语不成句之前将提示卡片拿出来，边看边讲；或者在陷入窘境之前，把主要内容大概表达完就尽快结束演讲，来个"见好就收"，千万不要让演讲陷入泥淖。

上面介绍的仅仅是一些临时性的"应急措施"，若想从根本上避免"卡壳"，还要经过长期的练习。记住：只有将自己的思想流畅地表达出来，你的演讲才能获得成功。

练习指南

1. 掌握上述应对"卡壳"的方法，并在遇到问题时适当运用。

2. 提前进行演讲排练，尽量做到把演讲内容烂熟于心。

3. 可以在纸条上、卡片上或手心上列出演讲内容的关键词，在"卡壳"时快速浏览，重新把握演讲节奏。

第 11 章

办事口才

说话水平决定办事结果

核心提示

会说话的人有时仅需简单的几句话，就可以改变事件原有的结果。

理论指导

光说几句话就可以改变事件原有的结果吗？是的，有时候单凭几句话，就可以改变结果，使事情偏向对你有利的一面。

一天，一位老师傅开车带徒弟去乡下的河边拉沙子。乡下的路很难走，到处都是小石块。在回来的路上，"嘭"的一声，车胎爆了。他们虽然带了备用轮胎，但却忘了带千斤顶，没办法，师傅只好让徒弟向路边的住家借。

临走之前，师傅在徒弟耳边说了几句话，徒弟看了看师傅，半信半疑地朝路边的房子走去。果然，一会儿工夫，徒弟抱着千斤顶回来了，他高兴地对师傅说："师傅，一切都跟您说的一样，您太神了！"

原来，徒弟走到房前去敲门，开门的是个中年男子，从他不耐烦的模样可以看出他并不是一个好说话的人，但徒弟还是按照师傅的吩咐，笑着说道："又有事要请您帮忙了。"中年人看了看这个陌生的年轻人，说："我想我并不认识你，你怎么说又需要我帮忙呢？"徒弟说："您家就在马路的边上，尽管您没帮过我的忙，但也一定帮过不少人的忙，所以，对您来说，是又有事需要您帮忙了。"中年人听了他的话，哈哈一笑，说："你有什么需要我帮忙的？"徒弟说："我的车胎爆了，但我忘了带千斤顶。我想，肯定曾经有人也像我一样跟您借过千斤顶换轮胎，所以我也想跟您借一下千斤顶。"可是，中年人并没有车，他也没有千斤顶，但他听了徒弟的话，觉得不帮忙似乎有点说不过去，于是便放下手中的活儿，说："虽然我没有，但是我知道哪儿有，走吧，我带你去借。"于是，中年人骑上摩托车带他到一个朋友家借了个千斤顶。徒弟谢过中年人之后，便高高兴兴地抱着千斤顶走了回来。这就出现了开头的那一幕。

事后，小徒弟问师傅："为什么那个人本来没打算帮忙，但是因为我说了您教我的那几句话，他就愿意尽心尽力地帮助我们呢？"师傅笑了笑，说："这就是说话的艺术。如果你第一句话就问他'您有没有千斤顶，借我一下'，那结果恐怕就是一句'没有'。但是，如果你先称赞他乐于助人的精神，他自然也就不好意思把你拒之门外了。"小徒弟听后点了点头，师傅接着说道："记住，说话前，你要好好琢磨对方的心理。把话说到对方心里去，对方才会愿意帮助你，事情才能办得顺利。"

故事中的师傅充分把握了中年男人为善欲为人知的心理，先肯定他曾经做过很多好事，帮助过许多路人，使中年男人觉得，自己既然帮助了那么多有需要的人，理所应当也应该帮助这对遇到麻烦的师徒。

这种说话的智慧实在让人佩服。师傅只用短短的几句话，就解决了难题，轻松地借来了千斤顶。试想，如果他没有运用这种说话技巧，而是理直气壮地去中年男人家索取帮助，恐怕他们一整天都要在路边发愁怎样换轮胎了。生活中有很多这样因为会说话而比别人少走弯路的例子，期望你也能成为其中的一员。

练习指南

1. 无论找什么人办什么事，都要提前打好腹稿，并反复推敲，以确保每句话都尽可能说到对方的心里去。

2. 至少买两本能够提升说话水平的图书，并坚持看完。

3. 结合自己的生活与工作，刻意锻炼相关沟通技能。

礼貌地提出你的请求

核心提示

在向别人提出办事请求时，你要特别注意使用礼貌用语，以示尊重。

理论指导

彬彬有礼的语言是求人办事的敲门砖，能快速拉进双方的心理距离，让对方乐于为你办事。那么，我们该如何礼貌地提出请求呢？

1. 间接请求

（1）委婉请求。你可以使用能愿动词、疑问句等，以商量的口气把有关请求提出来，这样会显得较为婉转，易被人接受。例如，"您能否尽快替我把这件事办一下"就比"你尽快替我把这件事办一下"要礼貌得多。

（2）借机请求。借助插入语、附加问句、程序副词、状语从句等来减轻话语的压力，避免唐突，以示尊重。例如，"不知您可不可以把这封信带给他"就比"把这封信带给他"更有礼貌。

（3）激将请求。通过流露出不太相信能成功的想法把请求、建议表达出来，不强人所难，给对方和自己留下退路，例如，"您可能不愿意去，不过我还是想麻烦您去一趟。"

2. 缩小请求

尽量把请求说得很小，不给对方压力，以便对方顺利接受。例如，"您帮我解决这个问题就可以了，其余的我来想办法。"人们在提出某些请求时往往会把大事说小，这并不是欺骗，而是适当减轻给对方带来的心理压力。

3. 谦恭请求

通过抬高对方把有关请求表达出来，以显得你彬彬有礼。例如，"您老就不要推辞了，各位来宾都在恭候您呢！"请求对方帮助较有效的一种做法就是尽量表示虔敬，使对方感到备受尊重，乐于从命。

4. 自责请求

在人际交往中，有些时候、有些场合打搅别人是不合适、不礼貌的，因此你先要讲明本不该提出这个请求，然后说明为实情所迫不得不提出来，实属无奈，从而求得别人的体谅。例如，"真不该在这个时候打扰您，但是实在没有办法，只好麻烦您了。"

5. 迟疑请求

你要先讲明自己本不情愿打扰对方，然后把请求讲出来，以缓和讲话的语气。例如，"这件事我实在不想多提，可您一直忘了替我办。"

6. 述因请求

在提出请求时，你要把具体原因讲出来，使对方感到很有道理，应该给予帮助。例如，"隔行如隔山，我一点儿也不知道他们的规矩。您是内行，您帮我办了吧！"

7. 乞谅请求

你要先请求对方谅解，然后把请求表达出来，以免过于唐突。例如，"恕我冒昧，这次又来麻烦您了。"

总之，在向别人提出办事请求时，你要特别注意使用礼貌用语，向对方表示尊重。

练习指南

1. 不仅是在求人办事时要有礼貌，平时待人接物也要使用礼貌用语，并养成习惯。
2. 即便别人对你不礼貌，你也要对别人礼貌相待，否则你就很可能会成为自己不喜欢的那一类人。
3. 一旦发觉对别人有失礼之处，就要及时道歉。

把目光投向主角以外

核心提示

在求人办事时，瞄准主要目标全力以赴固然重要，但对关键人物身边的那些举足轻重的人，你也要多花些心思，因为那些人有时能起到意想不到的作用。

理论指导

在求人办事时，很多人都把全部精力集中在关键人物的身上，认为只有团结好关键人物，事情才能顺利解决。这是很多求人办事者的第一思维。这样做并没有错，但你若认为这是办成事的唯一方法，那就错了。

事实上，要想把事情顺利办成，除了要尽最大努力团结好办事的"主角"外，还要把目光投向主角以外的人，争取获得那些能够影响这位"主角"决策的人的支持和帮助。如果关键人物和他身边的人都愿意帮助你，那么事情会进展得更加顺利。

有一位向水泥厂推销球磨机的销售员，他通过调查发现，某市是水泥厂集中的地区，对球磨机的需求非常大。此外，他还发现不久前有一家外资企业在此地刚刚建厂，如果能和这家外资企业建立购销关系，那么将利于他们公司在该地区整个球磨机业务的开展。

做好准备后，这位销售员便登门拜访。没想到，他刚到工厂门口就被门卫非常客气地挡在了外面。

千里迢迢登门拜访，结果连人家的厂门都没进去，这位销售员当然很不甘心。他想，阻拦自己的是谁呢？是门卫。所以，他决定先从门卫身上下功夫。

但是，任凭这位销售员想尽了办法，门卫就是不让他进去，门卫说："我是不会让你进去的！你要搞清楚，这是外资企业，我好不容易才得到这份工作，请你不要给我添乱了！"

无奈之下，销售员与门卫聊起了家常，门卫刚开始不愿意与他多说话，后来见他还算真诚，就随便应付了几句。

渐渐地，两人竟然聊得很投机，销售员对门卫说："大哥，我这份工作来得也不容易啊！这次我跑了上千公里的路来到这儿，如果连你们的厂门都进不去，我的饭碗可能就保不住了。但我知道您也不容易，就不难为您了，我打算明天就回去了，以后咱们常联系啊！"

门卫被销售员的一番话感动了，他悄悄地告诉销售员："总经理每天早上8点准时进厂，如果你有本事，就拦住他的车。记住，他乘坐的是一辆白色宝马轿车。我只能帮你这么多了。"

获此消息后，销售员喜不自禁。第二天天刚蒙蒙亮，他就站在厂外等候，终于见到了总经理。经过一番艰苦的谈判，他最终与这家企业签下了订单。

练习指南

1. 在重视与关键人物沟通交流的同时，也不要忽视小人物。
2. 尊重关键人物身边的每一个人，不可厚此薄彼。
3. 办事之前，先打听一下可能会见到哪些人，并为这些人量身定制一套沟通策略。

"磨"到点子上，办事才有效

核心提示

在求人办事时，若对方不同意，而你又认为此事是合情合理的，那么你可以采取"磨"的办法。

理论指导

"磨"是一种特殊的求人方法，它能以消极的形式争取好的结果，表达出一个人不达目的誓不罢休的决心，给对方施加压力，同时增加接触机会，达成办事目标。

宋朝宰相赵普是个性格坚韧的人。只要是认定的事情，就算与皇帝的意见不一致，他也敢于坚持己见。

有一次，赵普向皇帝举荐一位有功的官吏，皇帝并没有允诺。赵普并不灰心，第二天上朝时又向皇帝提出这件事，请皇帝裁决，皇帝依然没有答应。

赵普仍然不死心，第三天上朝又提出此事。

连续三天的反复提出，同僚们都感到很吃惊。皇帝这次生气了，将奏折撕得粉碎并扔在了地上。

然而，赵普却一言不发地将那些撕碎的奏折一块块拾起，回家后再仔细粘好。第四天上朝时，他将粘好的奏折举过头顶递到皇帝的面前。

皇帝深为其动，长叹一声，只好准奏。

事后，皇帝问赵普："若我不同意，你会怎样？"

赵普面不改色地说："我会继续上奏。有过必罚，有功必赏，这是一条古训，也是一个不能改变的原则，您作为皇帝不该以个人的好恶而无视这个原则。"

当你向别人提要求时，若对方因种种原因不同意，而此要求又是合情合理的，那么在这种情况下，你可以采取"磨"的办法，直到对方同意为止。

但要注意，"磨"不是耍赖，而是一种礼貌的静静等待，期待对方给你答复。不能让对方觉得你是在故意找麻烦，有意影响其工作与休息。你要做到通情达理，尽量不打扰对方，这样才能"磨"成功。

练习指南

"磨"也是有学问的，要"磨"到点子上才会有效果。那么，怎样才能"磨"到点子上呢？

1. 脸上要带着笑容，耐心地讲道理，这样对方会心生一种亲切感，也会乐于为你办事。

2. 要讲究策略，引起对方的注意。你要以情动人，积极、主动地与对方沟通，不断软化对方的心。

3. 要站在对方的立场上分析利弊，打消对方的顾虑。

央求不如婉求，劝导不如引导

核心提示

在引导他人参与计划时，央求不如婉求，劝导不如引导。

理论指导

要想引导他人参与到你的计划中来，应当先引起对方的兴趣，并积极引导其亲自尝试一下。

美国一家报社的总编辑身边缺少一位聪明能干的新闻记者，他看中了年轻的约翰，想让他加入报社。而当时约翰刚辞职，正准备回家乡从事律师工作。

　　总编辑请约翰到联盟俱乐部吃饭。饭后，他提议请约翰到报社去看看。总编辑从许多新闻消息中找到了一条重要消息，那是记者刚送来的一则尚未编辑的新闻，他对约翰说："请你坐下来，帮我们为明天的报纸写一段关于这条消息的社论吧。"约翰自然无法拒绝，他提笔就写。社论写得很棒，报社众人看后都赞不绝口。于是，总编辑请约翰再帮忙顶缺一个星期、一个月，渐渐地干脆让他担任这一职务。约翰就这样在不知不觉中放弃了回家乡做律师的计划，而留在纽约做了一名新闻记者。

　　我们由此可以得出一条求人办事的规律：央求不如婉求，劝导不如引导。

练习指南

1. 抓住他人的好奇心理，为请人帮忙创造条件。
2. 在求人帮忙或请别人参与自己的计划时，提前设计好沟通方案，引导对方对该计划感兴趣。
3. 积极向对方展示你的能力与实力，赢得对方的信任。

难言之时巧开口

核心提示

　　掌握在难言之时开口解困的技巧。

理论指导

生活中很多人都会碰到难言之事，这时应该如何开口说话呢？

1.声东击西，委婉开口

当你的朋友、长辈不慎出了差错，但在众目睽睽之下，又不便当面指出时，你可以采用"声东击西"的方式，也就是用提醒他人的方法，使朋友、长辈能自行察觉，而后主动纠正过失。

每个人都有独特的性格、独特的兴趣与不同的生活态度。因此，人与人沟通时，常常会产生观念上的冲突。如何既适当地表达观点，又没否定他人的见解，需要多加思考才能做到。

当你的观点和意见与他人不同时，首先，在态度上，应当给予对方发表见解的机会，并且表明你已接受了他的观点，然后再委婉地述说自己的想法。这样就可以诚恳地交换彼此的意见。例如，当对方表达了他的观点，而你无法完全同意时，你可以说："不错，你的想法十分独到……但我认为在那种场合应该……"这样既能表现出自己的风度，又坚持了自己的立场。

2.注重仪容和举止，诚恳开口

在日常生活中，可能有的人常要求别人要有礼貌，遵守秩序，而自己却疏忽了。这是一个互动的社会，你怎样对待别人，别人也会怎样对待你。

一个态度亲切、举止端庄的人，会给别人留下知书达理的好印象；反过来，若是我们看见一个举止粗野、蓬头垢面的人，即使对方满腹经纶，也会对其敬而远之。由此可见，端庄的言行举止在人与人之间的沟通中占有重要的地位。只有将说话与得体的举止配合起来，你才能与他人友好交流。

3.借用"第三方"的话

当你要安慰别人，或是夸奖别人，却不知如何开口时，可利用这种方法。有时，为了博得他人的好感，你往往会赞美对方一番，但若直接说出"你看起来还是那么年轻"之类的话，可能会让人觉得这只是场面话，有点儿不真实。如果换个方式说，例如，"你真漂亮，难怪小周说你看起来总是那么年轻呢！"这样一来，对方会认为你所言不假，自然会非常高兴。

在一般人的观念里，总认为"第三方"说的话较具客观性。因此，你可以针对这种心理，借用"第三方"说的话来代替你所要说的话，以此安慰或者赞美他人。

练习指南

1. 掌握本文介绍的这几种方法，并结合日常生活与工作经验，再多总结几条实用方法。
2. 控制自己的情绪，不轻易发火。
3. 若不能及时想到好的解决办法，不妨转移一下话题以避免尴尬。
4. 借用"第三方"说的话，务必真实可信，以免让对方发现你所说的是假话。

坦诚的话语最动人

核心提示

与人交流要满怀真诚。

理论指导

语言可以反映出一个人的人品。即使是说话比较笨拙的人，只要是发自内心地关怀对方，其心意也能在话语间充分流露出来。相反，如果没有发自内心地关怀对方，即使语言再华丽，也无法打动对方。所以，满怀真诚地交流很重要。在洽谈生意或说服他人时，真诚的话语更易招人喜欢，被人接纳。

多年来，耐佛一直想把燃料卖给一家大型连锁店，但是这家连锁店一直拒绝耐佛，其仅从外地进货，而运货的路线还恰巧经过耐佛的办公室。这让耐佛很生气，一次，耐佛准备在卡耐基的课堂上演讲，他想大骂这家连锁店。

卡耐基建议他改变策略。他们准备在课堂上举行一次针对连锁店的辩论会。卡耐基建议耐佛加入，他同意了。由于要为连锁店辩护，耐佛便前去拜访那家原本与他关系不太好的连锁店的经理。"我不是来销售燃料的，我是来找你们帮忙的。"他向对方说明来意，并特别强调："我来找您，是因为我实在想不出还有谁比您更适合帮助我赢得这场辩论了，无论您提供什么信息给我，我都十分感激。"

耐佛先生表示："我原本只打算占用这位经理一点儿时间，所以他才同意见我。但当我说明来意后，他却指着一把椅子要我坐下，并请来另一位主管，这位主管写过一本有关经营连锁店的专著。主管觉得连锁店提供了最真实的服务，他也以自己能够为许多社区服务为荣。当他侃侃而谈的时候，他两眼发亮，我也不得不承认他的确让我明白了许多道理。他改变了我。"

"在我离去的时候，他陪我走到门口，用手揽着我的肩膀，祝我辩论得胜，并且要我再去看他，告诉他辩论的结果。最后，他还说，'春天来的时候请再来看我，我很愿意从你那里买一些燃料。'这真是奇迹，他居然主动提起买燃料的事。由于我对他们连锁店的关心，使他也转而关心我的产品，因此我能在这两个小时里，达成了多年来都未达成的目的。"

罗马诗人帕利里亚斯·赛洛斯曾说过："说话要真诚、语气亲切随和，不卑不亢、入情入理。"这是成功打动他人的秘诀。

练习指南

1. 为人处世一定要真诚，不可虚头巴脑。如果你以前待人不真诚，请从现在开始改正。

2. 时刻用换位思维来审视与他人的关系，特别是在利益攸关的问题上更应如此。

3. 有些场合，若不能实话实说，也要为对方着想，不做欺骗他人之事。

求人办事，有些话说不得

核心提示

不该说的话一定不能说，这是求人办事必须遵循的原则。

理论指导

求人办事，你的语言起着难以估量的作用。能言善道，有助于你办好事情；而言谈不当，说了不该说的话，就容易让对方反感，导致事情办不成。

求人办事，即使是关系密切的人，你的措辞、语气也要适度，不要用命令的口气说话，比如"你必须帮我办""一定要完成"等。这样说，有时会强人所难，让人难以接受。求人办事要给人留出充分考虑和商讨的时间。

有一个商人从开封到苏州做生意，他在去苏州的路上迷了路，站在一个三岔路口犹豫不定。忽然，他看见附近水塘旁边有一位放牛的老人，就急忙跑过去问路："喂，老头！从这里到苏州该走哪条路呢？还有多远啊？"老人抬头见问路的是一位三十多岁的人，因为他没有礼貌，所以老人心里很反感，就说："走中间的那条路，到苏州大约还有六七千丈。"那人听了奇怪地问："老头，你们这个地方走路怎么论丈而不论里呢？"老人说："这地方原本都是讲礼（里）的，但自从来了不讲礼（里）的人以后，就不再讲礼（里）了！"商人听后惭愧不已。

在求人办事时，以下几类话千万不能说。

1. 不中听的话

在求人办事时，要想赢得对方的好感，你的言语必须和善。对于那些心直口快的人而言，更要深思慎言，不说让人生厌或惹人不快的话。

2. 沮丧的话

既然是求人办事，你就应当摆正自己的位置。有时你可能会遇到一些困难，比如婚姻不顺、事业不顺，这些事情往往使人心力交瘁、情绪低落。但在与人交往时，总是有意无意地说一些沮丧的话是不妥的，因为它容易使人感到压抑，让人不快，影响双方的沟通。

3. 贬低自己的话

有些人喜欢通过贬低自己来抬高别人，殊不知这样的"谦虚"有时在对方看来却是一种畏缩。谦虚要用对地方，不该自贬的时候，还是实事求是比较好。

4. 模棱两可的话

既然是求人办事，你就要把话挑明，以引起对方的重视。说话模棱两可，也会令对方失去兴趣。

练习指南

1. 根据所求之人的个性与好恶，提前列出禁言范畴，以防临场出错。
2. 在求人办事时，无论事情能否办成，都别说自贬人格的话。

第 12 章

幽默口才

认识到幽默的重要性

核心提示

幽默在人际沟通中起着重要的作用，它可以帮助我们解决很多难题。

理论指导

谈吐幽默的人，与人交往时往往更加顺利；缺乏幽默感的人，则往往表现得不尽如人意。

销售员乔治的口才很好，而且反应敏捷。一次，他正在销售"折不断的"绘图T字尺，他说："看啊，这把绘图T字尺多么牢固，任凭你怎么用都不会折断。"为了证明他所言非虚，乔治握住一把绘图T字尺的两端，并用力使它弯曲。

突然"啪"的一声，绘图T字尺断成了两截。众人对于眼前发生的情景目瞪口呆。但过了一会儿，乔治又把它高高地举了起来，对围观的人群大声说："女士们、先生们，这就是绘图T字尺内部的样子。"

幽默是一个人的学识、才华、智慧在语言表达中的体现。幽默的语言可以使人内心的紧张和重压得以释放。在人际沟通过程中，幽默的语言如同润滑剂，可以有效降低人与人之间的"摩擦系数"，化解冲突和矛盾，从容地摆脱沟通中可能会遇到的各种困境。

在交际场合，你可以用幽默的语言迅速打开局面，使谈话气氛轻松、融洽。在出现分歧时，你也可以用幽默的语言缓冲紧张的情绪，摆脱窘境或消除彼此的敌意。此外，幽默的语言还可以用来含蓄地拒绝对方的要求，或进行善意的批评。

练习指南

1. 想一想在自我介绍中，能否添加一些幽默元素。
2. 阅读一本关于幽默技巧的书籍。
3. 搜集一些与职业和生活相关的幽默故事，并适时加以运用。
4. 试着用幽默的语言和身边亲近的人沟通，不断提高幽默表达技巧。

巧用幽默来解围

核心提示

幽默是一种奇妙的语言，它能够巧妙地化解尴尬，把人们带入愉悦的氛围之中。

理论指导

有一位诗人受邀到北京某大学中文系作家班举办学术讲座。他准备朗诵一段自己的作品，但诗稿却放在台下一位学员的课桌上，他便走下讲台去拿。由于教室是阶梯式的，当他拿着诗稿走上台阶时，一不小心摔倒在台阶上，很多学员不禁笑出了声。

诗人稳住身子，站起来面向学员，手指台阶说："你们看，上一个台阶多么不易，生活是这样，作诗亦如此。"台下顿时响起了热烈的掌声。

他笑了笑，说："一次不成功不要紧，再努力就是了！"说完，他坚定地走上讲台，继续自己的讲座。

那么，当你遭遇窘境时，该怎样用幽默解围呢？

1. 运用"趣味思维"方式

这里所说的"趣味思维"，是一种反常的"错位思维"，也就是不按正常的思路想问题，而是"岔"到有趣的方面去捕捉事件中的喜剧因素。

例如，美国著名演说家罗伯特是个光头，有人嘲笑他出门老忘戴帽子，罗伯特却说："你们是不知道光头的好处，我可是第一个知道下雨的人。"罗伯特不但没有避讳自己的"秃顶"，反而赞美了光头，这就是在自己身上找到了"喜剧因素"。他的思维"错位"令他想的与别人不一样，于是幽默便产生了。

2. 在瞬息构思上下功夫

运用幽默解围是一种"快语艺术"，它需要的是灵光一闪的智慧。你一定要做到想得快、说得快，触景即发，既出人意料，又在情理之中。

练习指南

1. 掌握本文提到的两种利用幽默解围的方法。

2. 遇事时别慌，更别将内心的慌张表现在脸上，轻松的心境更有利于想到幽默的话语。

3. 平时多锻炼。看到他人遭遇尴尬时，想想换作自己该如何用幽默的语言和行动来化解。

4. 根据参加的场合，提前准备几个幽默故事或段子，以备不时之需。

幽默是化解矛盾的良药

核心提示

学会用幽默化解与他人之间的矛盾。

理论指导

一旦面临敌意或冲突，也可以使用幽默的语言化解矛盾。因为幽默的语言不仅能把你从怨恨心理、危急关头或一触即发的愤怒中解救出来，而且能让你以一种轻松自如的方式来表达想法，避免破坏人际关系。

一次，著名作家冯骥才到美国访问，一个华裔家庭来拜访他，双方相谈甚欢。突然，冯骥才看见客人的孩子穿着鞋子跳到了洁白的床单上，这实在是一件让人不高兴的事，但是孩子的父母并未发现这一点。此时，如果冯骥才直接表现出不满，那么很有可能造成尴尬的局面。最终，是幽默帮助了冯骥才。他风趣地对孩子的父母说："请把你们的孩子带到地球上来。"宾主双方会心一笑，问题得到了圆满的解决。

在这个故事里，冯骥才将地板称为"地球"，地板是相对于天花板、墙壁、床、桌椅来说的，而地球则是相对于太阳、月亮、星星等天体来说的。冯骥才运用"地球"这个概念，将孩子的鞋子与洁白的床单之间的矛盾淡化了，看似夸张的比喻，却避免了双方的尴尬。

当你使用幽默纠正对方的错误时，要有谅解他人的胸怀，不能想着攻击对方，否则你的幽默感就无法表现出来。

有户人家，水管严重漏水，院子里积了很多水。维修工答应立即来修理，可是等了很久才见到他的身影。他问住户："现在情况怎么样了？"

住户回答："还好吧。在你到来之前，我的孩子都学会游泳了。"

虽然住户说得过于夸张，但是幽默的话语淡化了对维修工迟迟不来的不满，使维修工的内心充满歉意。如果住户没有一颗宽容的心，而是直接斥责维修工，那么双方可能会发生激烈的争执，从而耽误维修水管。

练习指南

1. 化解矛盾需要拿出诚意，让对方知道你是为他着想的。如何体现你的诚意，需要多花一些时间认真思考。
2. 提前设计幽默情景，活跃沟通气氛。
3. 运用幽默语言时，别让对方会错了意，以免引起误解，加深矛盾。

把握好幽默的分寸

核心提示

幽默有时也会伤人，你应该好好把握幽默的分寸，万一说错了话，一定要诚心诚意地道歉，以防产生矛盾。

理论指导

有些人总喜欢利用幽默的方式讲些刻薄的话，他们认为是在开玩笑，其实已经伤害了别人。他们专门打击别人的自尊心，毫不在乎地讲出令对方"耿耿于怀"的话。例如，有关对方的命运、成长的环境，或者对方双亲的职业和社会地位等。

社会上本来就有很多不幸的人，他们出生之后便背负了许多常人难以想象的苦难，其中有很多事并非是他们心甘情愿的。因此，他们是值得同情的。凡是有怜悯之心的人，都不应该以他们的痛苦为话题，当着他们的面说伤人的话。事实上，这也是与人交往时必须要注意的一种礼节。

大致来说，与人开玩笑时，你要遵循以下规则。

1. 注意格调

开玩笑应该有利于身心健康，增进团结，摒弃低级趣味。

2. 留心场合

按照日常生活习惯，正规场合一般不宜开玩笑；对于不熟悉的人，也不宜开玩笑。

3. 讲究方式

这要因人而异，对于性格开朗、喜欢说笑的人，开个玩笑也无妨；而对于性格内向、少言寡语的人，一般不要开过分的玩笑。

4. 掌握分寸

俗话说，凡事有度，适度则益，过度则损。

5. 避人忌讳

几乎每个人都有忌讳，或是因为风俗习惯，或是因为生理缺陷，所以，你在开玩笑时一定要小心避之。

练习指南

1. 区别待人，与严肃的人尽量少开玩笑。
2. 开玩笑要出于好意，增进友情，否则就尽量别开。
3. 幽默的话最好是事先设计好的，不要引起对方的误解。

巧用幽默接近梦中人

核心提示

与异性交往要善用幽默，不可卖弄聪明，更不可轻视讥笑。

理论指导

男女之间的恋情是从交往开始的。大家总是希望与身边的漂亮姑娘或帅气的小伙子相识、相恋，但许多人连相识这一关都过不了。不少人都切身感受到，接近吸引自己的异性，所面临的最大困难就是语言问题。即使是平日善于言辞的人，也常为面对心仪的异性时的结结巴巴、词不达意而犯愁。这大概跟紧张有关。当然，这种情况下不紧张是不可能的，这就是人的心理难以逾越的障碍。这种情况下，有经验的人通常会巧妙地借用幽默去接近自己喜欢的异性。

在某航空俱乐部的一次聚会上，一位漂亮的空姐身着晚礼装，颈上系着一个金色的小飞机饰品。

一位青年空军军官很腼腆，当他看到女孩子美丽的面孔时，便害羞地低下头。

这时，这位漂亮的空姐温柔地对他说："啊，您喜欢这个金色的小飞机吗？"

空军军官的话在不经意间脱口而出，他话声虽低但很清楚地说："小飞机非常漂亮，可更漂亮的是……"

空姐看了看飞机饰品。这时，空军军官鼓起勇气说："更漂亮的是机场……"

顿时，女孩子开心地笑了。

这句话使漂亮的空姐感到意外。因为青年军官并没有随意地说："漂亮的是你的容貌。"而是暗示她说："更漂亮的是机场……"幽默使他们相互吸引。

只要采用适当的表达方式，把握与异性交往的尺度和时机，诚恳待人，热情大方，自尊自爱，你便能处理好与异性的关系，以自身良好的修养和人品赢得异性的尊重和爱慕。

在异性面前展示幽默时，一定要牢记，幽默不是吹牛拍马，不是卖弄聪明，更不是轻视讥笑。幽默应该是宽容与善意的，并以为对方带来快乐为目的。真正具有幽默感的人，在人际交往中往往会表现出积极乐观、平等待人、与人为善等各种优秀品质。

练习指南

1. 与心仪的异性交往，幽默必须是善意的，尽量以赞美对方为主。
2. 了解对方的喜好，从对方感兴趣的话题入手。
3. 不可以开低俗玩笑。

用幽默的语言向上司提意见

核心提示

下属给上司提意见时，不妨利用幽默，含蓄委婉地表述想法，这样提出的意见更易于被上司接受。

理论指导

有些人在向上司表达自己对工作的一些看法或建议时，常会在语言上有失当之处，从而导致自己提出的看法或建议不被上司接受。

下属向上司提意见是需要技巧的。在各种方法中，借助幽默的语言是较为可行的一种。

某位将军早晨到军队视察，他顺便关心了一下士兵们的早餐。很多士兵都含糊其辞地用"还行""可以"来回答将军。只有一位士兵带着满足的表情说："半片蜜黄瓜、一个鸡蛋、一碟火腿、一碗麦片粥、两个夹肉煎饼、一片面包，长官。"

将军疑惑地说："国王的早餐也不过如此！"这位士兵恭敬地回答："是的，长官，但非常遗憾，这曾是我在餐馆吃的。"

将军在视察之后，就下达了改善士兵伙食的命令。

这位士兵迂回地表达了自己对军队伙食的不满，他用幽默俏皮的语言，既让将军明白了士兵想要的伙食，又让将军比较容易接受自己的意见。幽默就具有这样奇妙的力量。

金无足赤，人无完人，再优秀的上司也会有工作失误的时候，身为下属，当你遇到这种情况时，要想让上司认识到问题，可以用含蓄的语言表达出来，以免上司下不来台。

某公司的月销售额较差，在月底总结会上，主管不断指责下属："就你们这种工作水平，怎么在市场上混？假如你们不能胜任这项工作，会有人来接替你们的！"

他还指着一名曾做过足球队员的新员工，问他："如果一支足球队总是输球，那么队员们必须都被换掉。是不是？"那位前足球队员沉默了一会儿，回答道："主管，通常情况下，假如整支球队都有问题，那大家往往会要求换个新教练。"

这位主管面对销售额差的事实，非但不从自身找原因，还对下属大声呵斥，这是很不公平的。所以，这位员工巧妙地用自己的经历来做比喻，间接指出了主管存在的不足，令其对自己的行为有所反省。假如他直接反驳主管，不仅起不到任何作用，甚至还有可能得罪主管。

总之，在职场中，我们不妨学会用幽默的语言来表达看法和建议。特别是在向上司提意见和建议时，更要这样。只有这样，我们才会走得更远，得到更好、更快的发展。

练习指南

1. 提意见之前，先要确保你所提的意见是对的，对公司发展是有益的，然后用幽默的语言提出来，这样上司才更容易接受。

2. 提意见之前，要充分体察上司的心理变化，不要在上司心情烦躁时进言。

3. 提意见之前，至少要想好一种解决方案，以免上司让你去执行时遭遇尴尬。

4. 向上司提意见要注意场合。

第 13 章

说话禁忌

别让口无遮拦害了你

核心提示

说话不能口无遮拦，什么话该说，什么话不该说，要把握好分寸。

理论指导

在生活中，我们总会看到一些人不知道什么该说、什么不该说，常常口无遮拦。如果在一个熟悉的环境中，大家都清楚其个性，那么或许无伤大雅。但当其身处陌生的环境中，与不熟悉的人交谈时，若想说什么就说什么，不分场合、不看对象，则很容易出问题。

我们来看一个故事。

张晶在某企业做办公室文员，她性格内向，不爱说话。可每当有同事就某事征求她的意见时，她说出的话总是很伤人。有一次，同部门的一位女同事穿了一件新衣服，别人都说"好看""合适"，可当那位女同事问张晶感觉如何时，她却不假思索地回答："你身材太胖了，这个款式不适合你。并且，这颜色对于你这个年龄的人来说显得太嫩，更加不适合了。"

这话一说出来，女同事的表情立马就僵住了，而周围大赞其衣服好看的同事也非常尴尬。尽管有时张晶也为自己说话伤人而后悔，可她总是忍不住说一些让人难以接受的"大实话"。久而久之，同事们都开始疏远她，很少有人再就某件事去征求她的意见了。渐渐地，她在办公室里也就成了"孤家寡人"。

不要把心直口快当成挡箭牌，说话无所禁忌，是没有修养的表现。心口一致固然好，可也要有所保留，若直言伤人则应委婉表达。即使需要对他人提出批评，也要讲究方式方法，让对方明白你的诚心与好意。

懂得社交的人都知道在什么时候应该用什么样的方式说话。实话不一定要直说，可以委婉地说或幽默地说，也可以延迟点说或私底下说。同样是说实话，采用不同的方式说，效果就会不一样。

练习指南

1. 少说多听，不要一张嘴就滔滔不绝地说个没完。
2. 放慢说话速度，确保每句话都是经过深思熟虑的。
3. 在重要场合，尽量不要发表临场想到的新观点。

别戳到他人的痛处

核心提示

说话要为对方着想，避开敏感话题，更别揭人伤疤。

理论指导

心胸宽广、乐观、大度的人，有时可以用自我调侃的方式来活跃谈话气氛，但这种方式只能用在自己身上。当你和他人说话时，就要避开敏感话题，以免戳到他人的痛处。

大多数人都有忌讳，也都讨厌他人提及自己的忌讳。在和他人谈话时，若一不小心冒犯了对方，往往就会引起对方的反感，有时甚至会招致怨恨。

不能把握好说话的分寸和尺度，可能会带来一些不良后果。在生活中，你应该多观察、多总结，注意避开他人的痛处，只有这样，才能准确、恰当、愉快地与他人交流。

另外，在安慰别人时，也可能会不经意戳到对方的痛处。当别人正处于痛苦之中，如果你在安慰时不注意，一不小心揭了人家的"伤疤"，那简直就是往别人伤口上撒盐。若有人失恋，非常伤心，这时最好的安慰方法就是与失恋者一起回忆一些快乐的事情，让对方在交流的过程中慢慢减轻痛苦。

在安慰失恋者时，有些话一定不要说。例如，不分青红皂白，故作高深地说一些"其实我早就看出他（她）不是真心对你""他（她）这是存心欺骗你，当初说爱你的那些话都是假的""你到现在才知道他（她）是在利用你吗"等无用的话。这些话只会让失恋者在伤心之余又平添一份窝囊和寒心，因此最好不要说。

练习指南

1. 与人交流前，最好能够事先了解别人的痛处以及忌讳。

2. 说话时要绷紧一根弦，无论如何都不要提及伤人的话题。即便对方主动提出来，你也不能借机高谈阔论。

3. 如果一不小心戳到了别人的痛处，那么要赶紧补救。例如，你也自嘲地戳一下自己的痛处，转移对方的视线。

与领导相处时不宜说的话

核心提示

与领导说话要注意分寸，不能信口开河。

理论指导

员工与领导保持良好的上下级关系，可以让双方的工作更加默契，减少很多不必要的误会，从而提高工作效率。

下面这些有可能会让领导不高兴、下不来台的话，你最好不要说。

1. 在回答领导的问题时说"随便"或"怎么都行"

这样回答，会使领导觉得你冷漠，不懂礼节，对什么都表现出一副漠不关心的样子。这样一来，你在领导心目中的印象就会大打折扣。

2. 对领导说"这件事我早就知道了"

这种话里带有明显的轻视意味，不仅是对领导，即便是对熟悉的朋友也不要这样讲话。

3. 对领导说"您辛苦了"

这本应是上级对下级表示慰问或犒劳时说的话，若反过来由下级对上级说，似乎就不太合适了。

4. 对领导说"太晚了"

这样说的潜台词就是嫌领导的动作太慢，以至于耽误了正事。即使你想表达的并非此意，领导也可能会觉得你是在责怪他。

5. 对领导说"您的做法实在让我感动"

"感动"这个词通常是领导对员工说的，如："你们对工作认真负责，我非常感动！"而员工对领导用"感动"这个词，就不太恰当了。如果是为了表示尊重领导，那么你应该说"佩服"，如："经理，我十分佩服您的果断。"

6. 不要过于小心谨慎

与领导谈话时，你应小心谨慎，并顾全大局。但是，顾虑过多也不足取，这样会产生误解。要知道，过于小心谨慎，可能更容易出错，甚至会被领导误认为你没有魄力，不能重用。

7. 对领导说"我觉得这件事非常难办"

当领导分配工作任务时，你如果说"不太好办"或"十分困难"，那么可能会显得你是在推卸责任，或显得领导不会用人，让领导下不来台。

8. 在接受领导交办的任务时说"好呀"或"可以呀"

诸如"好呀""可以呀"这类词汇，在语言含义上都带有首肯、批准的意味，通常是领导对员工所说的。而员工在接受领导交办的任务时，正确的说法应该是"好的""知道"或"是"。

9. 不小心说错话时不要强辩

一旦发现自己在领导面前说错了话，就应马上止住，并且道歉，千万不要强行辩解。你应该勇敢地面对事实，要知道，不必要的辩解只会让事情变得更糟糕。

练习指南

1. 牢记本文给出的与领导讲话的注意事项。

2. 根据领导的个性，再多总结几条不宜对领导说的话。

3. 一旦说错了话，就要主动向领导认错。

与外国人交谈时不宜提及的话题

核心提示

知道与外国人交谈时哪些话题不能聊。

理论指导

由于文化上的差异，外国人有他们所禁忌的话题。归纳起来，主要有以下几点。

1. 年龄问题

在国外，人们普遍把自己的实际年龄当作"核心机密"，绝不轻易告诉别人。我们听起来很顺耳的"老先生""老太太""老人家"这类尊称，对外国人也是不适宜的。尤其是外国妇女，她们最不希望别人知道自己的实际年龄。在国外有一种说法：一位真正的绅士，应该永远记住女士的生日，而忘记女士的年龄。

2. 恋爱或婚姻状况

在人际交往中，我们通常认为互相聊一聊恋爱、婚姻、家庭生活是很正常的事，可对于绝大多数外国人来说，这是禁忌话题。他们认为，不管是谁面对交往不深的朋友，老老实实地交代自己"有无恋人""两人是怎样相识的""跟恋人交往多久了""结婚了没有""有无孩子""为什么还不找对象""怎么还不结婚""怎么还不要孩子"等情况，不仅会感到不愉快，还会觉得这类话题无聊透顶。

3. 收入支出情况

在国外，人们普遍认为一个人的实际收入，跟他的个人能力与社会地位存在着因果关系。因此，个人收入的多少，一向被外国人视为自己的颜面，十分忌讳别人进行直接或间接的询问。除了工资收入之外，那些能够反映个人经济状况的事项，如私宅面积、银行存款、股票收益、纳税数额、汽车型号、服饰品牌、娱乐方式、度假地点等，因与个人收入相关，也是不宜谈的话题。

4. 身体健康状况

在我国，人们相遇后彼此打招呼时，常常会互相问候对方"身体好吗"；若是确知交谈对象身体曾一度欠安，那么为了表达对对方的关心，与其见面时，人们通常还会关切地询问对方"病好了吗"；若双方关系较为亲密，那么还会直接向对方询问"如何治疗的""吃过哪些药"，或向对方推荐名医、偏方。然而在国外，人们在闲聊时，一般都非常反感别人对自己的健康状况过度关注。

5. 个人经历

初次见面时，我们往往喜欢询问彼此"是哪里人""毕业于哪所学校""以前做过什么"。总之，人们乐于知道对方的"出处"，了解对方的"背景"。但是在外国，这些内容会被当成"秘密"，通常不会询问彼此的个人经历。外国人认为，要是有人向初次交往的对象询问关于个人经历的问题，那人有可能是别有用心的。

6.信仰和政治立场

在与外国人交往的过程中，由于各自国家的社会制度、政治体制以及意识形态有所不同，因此关于个人信仰、政治立场等比较严肃的话题，最好避而不谈。交往初期，为了创造良好的沟通氛围，你可以多和他们聊一些轻松有趣的话题。

7."最近在忙什么"

在我国，熟人见面，免不了会互相询问一下对方"最近在忙什么""到哪儿去""从哪儿回来"之类的问题。但是在外国，这类问题皆属私事，没有告诉别人的必要。如果你向外国人询问此类问题，往往会被认为是不懂得尊重别人或另有所图。因此，被问及这类问题时，外国人常常会闭口不答。

练习指南

1. 牢记本文提到的这些禁忌话题，并在与外国人交谈时切实遵行。

2. 根据外国人所在的国籍与地区，了解相关禁忌事项，并在交流时多加注意。

3. 交谈前尽量多了解外国人的喜好，不谈对方不喜之事。

开玩笑要适可而止

核心提示

我们可以通过开玩笑活跃交流气氛，但切忌拿别人的隐私开玩笑。

理论指导

开玩笑应适可而止，用过分的语言开玩笑，甚至出现不雅词汇，都是非常不妥的。

每个人都有秘密，或有一些隐藏在心里不愿被他人知道的事情。在同事之间的闲聊调侃中，即便关系再好，也不要去揭别人的短，不能将别人的隐私公布出来，更不能将此当成笑料。

心理学家曾经做过一项研究：谁都不愿意将隐私在公众面前曝光，一旦某人的隐私被曝光，特别是以一种开玩笑的形式曝光，那个人就会感到难堪甚至愤怒。因此，在人与人的交往中，要尽量避免触碰别人的隐私。

开玩笑时道出别人的隐私，有时是说者无意而听者有心，对方会觉得你是故意跟他过不去，从此对你心怀怨恨。

在复杂的社会环境下，如果不注意说话的对象、内容、方式，不懂得把握分寸，那么很容易招惹是非，甚至招来祸患。因此，说话小心一些，为人谨慎一些，是你应该时刻谨记的。一个喋喋不休、拿他人隐私乱开玩笑、乱揭他人伤疤的人，会被认为人品低下、缺乏涵养，走到哪里都不会受欢迎。

练习指南

1. 开玩笑要有度，不可伤害别人而娱乐自己。

2. 永远不要拿对方的隐私开玩笑，否则对方可能会记恨你。

3. 只开善意的或无伤大雅的玩笑。

4. 若想活跃气氛，可以用自嘲的方式开玩笑。

宴席上有些话不能说

核心提示

在宴席上，你最好给嘴巴"安把锁"，该说的可以说，不该说的坚决不要说。

理论指导

在一些较为正式的宴席场合，由于出席的宾客较多，因此说话不能太随便。在宴席上，有哪些话是不能说的呢？

1. 不要假意客套，过度劝酒

以诚相待是宴席上保持融洽气氛的前提，不顾别人的酒量及身体状况，一味地劝别人喝酒，甚至打定主意不将别人灌醉誓不罢休，这就有失礼仪了。喝酒应当有所节制，应以不醉为宜。

2. 不要感情用事，互相吹捧

在宴席上宾主欢聚一堂、觥筹交错的时候，极易感情用事，用溢美之词给对方"戴高帽"。例如，对方是一个厂长，即便他经营的工厂连年亏损，濒临倒闭，也吹捧对方"经营有方，前途无量"；对方只是一个喜欢利用业余时间写作的人，就算只发表过几篇小作品，也说他是"知名作家，作品深受大众喜爱"等。这种用廉价的吹捧来联络感情、加强友谊的方法是不可取的，不仅旁人听了难受，就连被吹捧的人也清楚这是假话，从而觉得吹捧者是一个虚伪的人。

3. 不要贬损他人

即便你平时对某人抱有一些成见，在宴席上也不能表露出来，更不能在宴席上拉帮结伙，否则会破坏宴席欢快和谐的气氛，不仅让人觉得你小心眼，也让宴席的主人下不来台。此时，你应该以大局为重，克制消极情绪。

4. 不要自吹自擂

曾有个人在宴席上借酒发挥，虚荣心发作，他指着某位作家并自吹自擂地说："他不就出版了几本书吗，有什么了不起的，我就是不写，我要写肯定比他的书的销量好。"说这样的话，不仅会降低自己的人格，还会伤害别人。

5. 不要酒后失态

酒过三巡，菜过五味，有的人可能会暂时失去自我控制的意识，开始胡说八道，丑态百出。若是有人指责，他便以"喝醉了"来开脱。这类人酒后无德，有伤风化，令人厌恶。

宴席应该成为文明应酬的场合，朋友叙旧，交流感情，联络友谊，让宴席充满和谐的气氛。亲切而不粗俗，热情却不轻佻，这才是你在宴席上应该做到的。

练习指南

1. 了解本文提到的几种宴席禁忌，也可以根据当地习俗，再多总结几条。

2. 在参加宴席时，要遵守规矩，不该说的话则不说。

约会时的说话禁忌

核心提示

约会时说话要谨慎，千万不要随口乱说。

理论指导

与异性初次交谈，你不要顾虑太多。有些女性在初次与男性交往时不愿意多说话，仅用"是"或"否"等回答对方，这会让场面十分尴尬。在这种情况下，男性应该主动一些，先找到话题，要知道，一问一答的谈话方式是很难打开局面让大家畅所欲言的。

有些人在约会时总是发愁不知道该说什么好；也有些人在第一次约会时不确定跟对方说喜欢之类的字眼是否恰当。其实，约会成功与否，与你自身的魅力有着很大关系。

约会时，最好不要光说自己的事，还应热心地倾听对方说话。你可以一面注视着对方，一面侧耳倾听，表现出很感兴趣的样子。特别是对方谈到得意的事情时，你更要给出回应。

开口说话时，你的表情要自然，说话要清楚，对于对方的问话，也要简单明了地回答。事先准备好话题也是很重要的。如果知道对方对什么主题感兴趣，那么就多准备几个和这个主题有关的话题。

适度地赞美对方也是成功交流的秘诀，但太过明显的夸赞则不妥。至于对方的长相和身材，最好不要在第一次约会时就称赞。

如果你是男性，可以称赞对方的发型、服装、气质与众不同；如果你是女性，可以称赞对方的知识面广、技术一流，或者称赞其有品位。

有些人在约会时经常表现出对某些事情的不平或不满情绪，说别人的坏话或批评别人。这些话题不仅会破坏约会的气氛，而且会令对方怀疑你的品行。

对于第一次约会就说"喜欢"是否恰当这一问题，答案是最好不要。因为初次约会，你还不太了解对方的心意，如果贸然说喜欢，反而会让对方不知所措。

总之，最初和异性交往时，不要存有非分之想，切忌紧张，一定要大大方方，用微笑打开彼此的心扉。

练习指南

1. 在本文的基础上，再多总结几条约会时的交谈禁忌。
2. 提前了解约会对象的个性特点及兴趣爱好，多聊对方喜欢的话题。

夫妻间忌讳说的话

核心提示

夫妻之间，不该说的话坚决不要说。

理论指导

由于夫妻之间太熟，有时反而不注意说话的轻重。虽然有些率性的话并不是说话者真实的想法，但是有些话只要说出了口，就很难收回，弄不好还会对夫妻的感情造成极大的伤害。

夫妻之间"无话不说"无疑是一种恩爱的表现。因为对方是自己的另一半，所以彼此交谈起来自然是亲密无间，无所顾忌。但凡事都要注意尺度，有些话是绝对不可以说的，一旦说出口，就会有损夫妻之间的感情，甚至会使夫妻反目。总体来说，夫妻之间不能说的话主要有以下几种。

1. 不要轻易说离婚

有些夫妻一吵架，动不动就说："这日子没法过了，我要离婚。"而另一方也不甘示弱地说："离婚就离婚，谁怕谁。"其实彼此心中根本没有离婚的想法，只不过是想吓唬一下对方，却不知这样的话是非常令人心寒的。一旦你将"离婚"当成了口头语，就很可能会弄假成真，导致双方多年经营的感情破裂，最后分道扬镳。为逞一时之强、泄一时之气而说出不该说的话，实在是不应该。

2. 过分挑剔对方

平日里无中生有或理由不足，凭一时之气斥责对方，这是不对的。要知道，挑剔别人的话说多了，就会变成一种蔑视，会让彼此生出怨气。因此，如果你想拥有一个和谐的家庭，就不要过分地挑剔对方，而应学会欣赏，多看对方的长处，同时尽量接纳其不足。

3. 冷嘲热讽的话不要说

有些人总喜欢对丈夫或妻子冷嘲热讽。或许他（她）并没有恶意，只是觉得不损对方两句就难受。通常来说，丈夫或妻子说话冷嘲热讽，表明其存在不满、怨愤的情绪。这种一句让人怒、一句让人笑的话，只会让配偶感到很不舒服，进而影响夫妻之间的感情。

练习指南

1. 与配偶沟通，了解哪些话较为伤人，以后不要说同样的话来伤害对方。
2. 若因一时冲动说了伤害配偶的话，要及时道歉，以免破坏夫妻感情。
3. 在公众场合，特别是在亲朋好友聚会时，无论配偶做错了什么，都不要当众指责，更不可大声吵闹。